Arthur Conan Doyle

La nouvelle révélation

Traduction de A. Tougard de Boismilon

A tous ceux,
Hommes et femmes, du plus humble au plus instruit,
Qui ont eu la force de caractère, pendant soixante-dix ans,
d'affronter le ridicule ou les préjudices de ce monde,
afin d'affirmer leur foi en une vérité suprême.

Mars 1918

Préface

Beaucoup d'esprits, plus philosophiques que le mien, ont été attirés par le côté religieux de ce sujet et de nombreux cerveaux, plus scientifiques, ont tourné leur attention vers ses phénomènes physiques. Autant que j'en suis informé, on n'a pas encore essayé de démontrer l'exacte relation existant entre les deux aspects de ce problème. Je considère que si je réussissais à jeter quelque lumière sur ce point j'aurais aidé à résoudre la question qui importe le plus à l'humanité.

Un célèbre médium, Mrs. Pipper, prononça en 1899 des paroles, qui furent alors consignées par le docteur Hodgson. Étant en état d'hypnose, elle vint à parler de l'avenir du spiritisme religieux et déclara: «Au siècle prochain, le spiritisme sera étonnamment accessible à l'entendement humain. Je vous annoncerai en outre une chose dont vous constaterez l'accomplissement. Une terrible guerre, bouleversant différentes parties du monde, précédera la perception évidente de nos rapports avec l'Au-delà; avant que les mortels puissent voir, par leurs visions spirituelles, leurs amis à côté d'eux, il faut que le monde entier soit purifié et c'est par là qu'il atteindra à la perfection. Amis, réfléchissez-y bien.»

Nous avons eu la terrible guerre dans les différentes parties du monde, nous attendons que la seconde moitié de la prédiction se réalise.

Chapitre I

Recherches

La question des recherches psychiques est une de celles qui m'ont le plus captivé et celle de toutes sur laquelle j'ai été le plus lent à me former une opinion. Au fur et à mesure que l'on avance dans la vie, certains incidents surviennent qui vous convainquent forcément du fait que le temps passe et que la première jeunesse et même l'âge moyen ont fui. Cela m'arriva dernièrement. Il y a, dans l'excellente revue intitulée *Light*, une colonne rétrospective consacrée aux événements vieux d'une génération – c'est-à-dire de trente ans – ; en parcourant récemment cette colonne, je tressaillis en retrouvant sous ma propre signature une lettre que j'avais écrite en 1887, et dans laquelle je retraçais une curieuse expérience, survenue au cours d'une séance de spiritisme. Il est donc manifeste que ce sujet m'intéresse depuis longtemps, et aussi que je n'ai pas été inconsidéré dans l'élaboration de mon jugement, puisque c'est seulement depuis un an ou deux que je me suis déclaré satisfait par l'évidence. Si je rapporte ici quelques-unes de mes expériences et difficultés, mes lecteurs ne penseront pas, je l'espère, que c'est par égotisme, mais admettront que c'est le meilleur moyen d'esquisser une réponse aux questions qui se présenteront le plus vraisemblablement à leur esprit. Ayant passé par une phase analogue, ma réponse aura quelque chose de plus général et de plus impersonnel dans sa nature.

Lorsque j'eus terminé mes études médicales, en 1882, je me trouvai être – comme la plupart des médecins – un matérialiste convaincu, en ce qui concerne notre destinée. Je n'avais jamais cessé d'être un fervent théiste, car il me semblait que nul n'avait encore répondu à cette question de Napoléon aux professeurs athées, qui voyageaient avec lui en Égypte par une nuit étoilée : « Qui donc, Messieurs, créa ces étoiles ? » Dire que l'univers résulte de lois immuables fait surgir une seconde question : qui alors est l'auteur de ces lois ? Je ne croyais naturellement pas en un Dieu anthropomorphe ; mais je croyais alors, comme maintenant, en une force intelligente en dehors de toutes les interventions de la nature – une force si grande et si infiniment complexe que mon cerveau limité ne concevait rien au delà de son existence. Le bien et le mal m'apparaissaient de façon si certaine, qu'aucune révélation divine n'était nécessaire pour les expliquer ; mais quand je venais à la question de nos faibles personnalités survivant à la mort, il me semblait que les nombreuses analogies, contenues dans la nature, démentaient cette survivance. Quand la bougie est consumée, la lumière s'éteint ; quand l'étincelle se brise, le courant cesse ; quand le corps périt, la matière disparaît. Chacun, dans son for intérieur, peut sentir qu'il devrait survivre ; cependant, si l'on considère la moyenne des inutiles, quelle raison évidente découvrira-t-on en faveur de la survivance de leur personnalité ? Cela me semblait une illusion, et j'étais convaincu que la mort, en vérité, mettait fin à tout, bien que cela ne me parût pas un motif suffisant pour affecter nos devoirs envers l'humanité, pendant notre existence transitoire.

Tel était mon état d'esprit, lorsque les phénomènes spirites attirèrent mon attention. J'avais toujours considéré ce sujet comme parfaitement absurde ; j'avais lu la condamnation de médiums frauduleux et je me demandais comment un homme sensé pouvait ajouter foi à de semblables choses. J'avais des amis, cependant, qui s'intéressaient à la question, et je pris part avec eux à quelques séances de tables tournantes, au cours desquelles nous eûmes des communications, assez en rapport les unes avec les autres. Je dois, à regret, convenir que la seule impression qu'elles firent sur moi fut que je regardai mes amis avec une certaine suspicion ; il y eut souvent de longs messages, qui nous parvinrent épelés par soulèvement de la table, et il était impossible qu'ils fussent dus au hasard. Quelqu'un, en ce cas, faisait bouger la table ; je pensais que c'étaient mes amis ; ils pensaient probablement que c'était moi. J'étais embarrassé et perplexe, car mes amis n'étaient pas des personnes que je pouvais imaginer susceptibles de tricher, et cependant je ne pouvais expliquer les manifestations en question, sinon par consciente pression de la table.

Vers cette époque – ce devait être en 1886 –, le hasard me mit entre les mains un livre intitulé : *The Reminiscences of Judge Edmunds*. Son auteur était membre du Conseil d'État aux États-Unis, et un homme de haute valeur ; dans son ouvrage, il racontait comment, sa femme étant morte, il avait pu, pendant des années, rester en contact avec elle, ce qu'il relatait avec toutes sortes de détails.

Je lus ce livre avec intérêt, mais avec un absolu scepticisme ; il me paraissait un exemple de faiblesse mentale chez un homme de caractère ferme et pratique ; une sorte de réaction, pour ainsi dire, à ses habituelles occupations terre-à-terre. Quel était cet esprit dont il parlait ? Supposons qu'un homme, à la suite d'un accident, ait une lésion de la boîte crânienne ; son intelligence pourrait en être affectée, et une nature élevée se ravaler à un niveau très inférieur. De même, sous l'influence de l'alcool, de l'opium, ou de toute autre drogue, le caractère d'un individu pourrait entièrement changer.

Cela démontrait donc que l'esprit dépend de la matière. Telle était, à cette époque, ma façon de raisonner. Je ne distinguais pas que ce n'était pas l'esprit qui s'était modifié dans les cas en question, mais le corps à travers lequel il évoluait, car il serait vain de contester le talent d'un musicien si, ayant abîmé son violon, il n'en sortait plus que des sons discordants.

Ma curiosité avait été assez stimulée pour que je fusse désireux de cultiver une telle littérature, quand l'occasion s'en présentait. Je fus grandement surpris de constater qu'un nombre important d'hommes supérieurs – des hommes dont les noms étaient l'éclat des sciences – croyaient entièrement que l'esprit était indépendant de la matière et pouvait lui survivre. Lorsque je considérais le spiritisme comme une vulgaire illusion des ignorants, j'étais disposé à le regarder avec mépris ; mais quand il était défendu par des savants comme Crookes, que je savais être le chimiste le plus éminent d'Angleterre, par Wallace le rival de Darwin, et par Flammarion le plus connu des astronomes, je ne pouvais me permettre semblable désinvolture. Il était trop facile de rejeter les études de ces hommes, contenant leurs minutieuses investigations et les conclusions qui en découlent, et de dire : « Soit ! il y a une lacune chez eux. » Car un individu doit être très satisfait de lui-même si, à un moment donné, il n'est pas amené à se demander si la « lacune » n'existe pas dans son propre cerveau. Je fus quelque temps entretenu dans mon scepticisme par la considération que d'autres savants réputés, tels que Darwin lui-même, Huxley, Tyndall et Herbert Spencer se moquaient de cette nouvelle branche d'études. Mais quand j'appris que leur dédain avait atteint ce point, qu'ils n'avaient pas même voulu l'examiner ; que Spencer avait déclaré à plusieurs reprises qu'il s'était décidé contre elle sur des principes *a priori* ; tandis que Huxley avait avoué que cela ne l'intéressait pas, je dus admettre que, si grands qu'ils fussent dans leurs spécialités, ils faisaient preuve de faiblesse, car leur théorie à cet égard était des plus dogmatiques et des moins scientifiques. Par contre, selon moi, ceux qui avaient étudié les phénomènes spirites et essayé de dégager les lois qui les régissent avaient suivi la véritable voie de la science et du progrès. La logique de mon raisonnement ébranlait mon scepticisme.

Celui-ci cependant fut renforcé par mes propres expériences. Il est bon de rappeler que je travaillais sans médium, ce qui est semblable à un astronome n'usant pas de télescope. Je n'avais pas de puissance psychique par moi-même, et ceux qui collaboraient avec moi n'en avaient guère plus. A nous tous, nous pouvions à peine réunir assez de force magnétique – ou ce que nous appelions ainsi – pour obtenir des tables parlantes leurs messages suspects et, souvent, stupides. J'ai encore des notes concernant ces séances et la relation de quelques-unes, au moins, de ces communications ; elles n'étaient pas toujours stupides. Par exemple, je trouve que, dans une occasion, en réponse à une de mes questions, telle que de me dire combien j'avais de pièces de monnaie dans ma poche, la table épela : « Nous sommes ici pour instruire et élever les âmes, non pour deviner des énigmes. » Et ensuite : « Un état d'esprit religieux, et non critique, est celui que nous désirons inculquer. » Certes, on conviendra que ceci n'était pas un message puéril. D'un autre côté, j'étais toujours hanté par la crainte d'une pression involontaire de la part des assistants.

Il se produisit alors un incident qui m'embarrassa et me découragea beaucoup. Nous étions un soir en très bonnes conditions, et avions obtenu une certaine quantité de mouvements qui semblaient tout à fait indépendants de notre action. De longs messages nous étaient parvenus, lesquels, d'après leur teneur, émanaient d'un esprit qui donna son nom et nous dit qu'il fut un voyageur de commerce, ayant récemment perdu la vie dans l'incendie d'un théâtre à Exeter. Tous ces détails étaient précis, et il nous supplia d'écrire à sa famille qui vivait, disait-il, à un endroit appelé Slattenmere, dans le comté de Cumberland. Ainsi fis je ; mais ma lettre me fut retournée, par l'intermédiaire de l'office des lettres mises au rebut. Je ne sais ce qui, à cette séance, nous égara, ou s'il y eut quelque erreur dans le libellé de l'adresse ; cependant, tels sont les faits et je fus si désillusionné que, pour quelque temps, je cessai de m'intéresser à l'ensemble du sujet. Étudier un problème était rationnel en soi ; mais si, en l'approfondissant, on venait à douter du sérieux de sa donnée, il convenait de s'arrêter. S'il existe, en quelque endroit que ce soit, un Slattenmere quelconque, je serais, même maintenant, content d'en être informé.

A cette époque, je pratiquais ma profession à Southsea, où résidait le général Drayson, un homme de caractère remarquable et l'un des pionniers du spiritisme dans cette contrée. Je lui confiai mes embarras, dont il écouta très patiemment l'énumération. Il fit peu de cas de mes critiques, quant à la nature insensée de nombre de ces messages et à l'absolue fausseté de quelques autres. «Vous ne possédez pas encore la vérité fondamentale, me dit-il. Cette vérité est que tout esprit de notre chair passe de ce monde dans l'autre, exactement comme il est, sans aucun changement. Ce monde est rempli d'individus faibles et insensés ; de même est l'autre. Vous n'avez pas besoin de vous mêler à eux, pas plus que vous ne faites sur cette terre. On choisit ses compagnons. Mais supposez un homme ici-bas, qui a vécu seul dans sa maison, ne fréquentant pas ses semblables, et qui à la fin mettrait sa tête à la fenêtre pour voir dans quelle sorte d'endroit il vit ; qu'arriverait-il? de méchants gamins pourraient lui dire quelques impolitesses. Dans tous les cas, il ne verrait rien de la sagesse ou de la grandeur du monde ; il retirerait sa tête,

en pensant que celui-ci est bien médiocre. C'est exactement ce qui vous est arrivé. Dans une séance mêlée, sans idée définie, vous avez passé la tête dans le nouveau monde et vous avez rencontré de méchants gamins. Poursuivez et essayez de parvenir à quelque chose de meilleur.» Ainsi s'exprima le général Drayson, et quoique son explication ne me satisfit point à cette époque, je pense maintenant qu'elle approchait de la vérité.

Tels furent mes premiers pas en spiritisme. J'étais encore un sceptique, mais au moins j'avais acquis quelques notions à son endroit, et quand j'entendais quelque critique de la vieille école dire qu'il n'y avait rien à expliquer, que tout était supercherie, ou qu'un prestidigitateur réussirait à tout démontrer, je savais au moins que ce genre de raisonnement était absurde. Il est vrai qu'à ce moment-là, le peu de preuves que j'avais réunies ne suffisait pas à me convaincre ; mais, poursuivant mes lectures, elles m'enseignaient combien l'on avait approfondi ce sujet ; et je reconnaissais que les preuves étaient si fortes en faveur du spiritisme, qu'aucun autre mouvement religieux au monde n'en pouvait alléguer d'aussi impressionnantes. Cela ne démontrait pas la vérité de ces preuves, mais établissait au moins qu'elles pouvaient être considérées avec respect et ne devaient pas être traitées en quantité négligeable.

Prenons en exemple un événement que Wallace a appelé un miracle moderne. Je le choisis parce qu'il est des plus invraisemblables. Je fais allusion au témoignage relatif à l'exploit accompli par D. D. Home – qui, soit dit en passant, n'était pas, ainsi qu'on le suppose généralement, un aventurier salarié, mais était le neveu du comte de Home – au témoignage, dis-je, attestant que Home s'élança d'une fenêtre à une autre, à une hauteur de soixante-dix pieds [1] au-dessus du sol. Je ne pouvais le croire! Et cependant, quand je sus que le fait était affirmé par trois témoins oculaires, qui n'étaient autres que lord Dunraven, lord Lindsay et le capitaine Wynne, tous trois hommes d'honneur et fort estimés, qui voulurent par la suite le certifier sous la foi du serment, je fus forcé d'admettre que l'évidence était plus manifeste que pour aucun de ces événements lointains, que le monde entier est convenu d'accepter comme vrais.

Je continuai toujours, durant ces années, à prendre part à des séances de tables tournantes, qui, parfois, ne donnaient pas de résultats, d'autres fois de très insignifiants, et quelquefois d'assez surprenants. J'ai encore les notes de ces séances et je retrace ici les résultats de l'une d'entre elles, lesquels furent nettement définis et si en dehors de l'idée que je m'étais faite de la vie au delà du tombeau, qu'ils m'amusèrent plutôt qu'ils ne m'édifièrent à cette époque. Je trouve cependant qu'ils concordent très étroitement avec les révélations de Raymond [2] et de certains récits similaires, de sorte que maintenant je les considère autrement. Je sais que tous ces récits de la vie de l'Au-delà diffèrent par certains détails (je suppose que la plupart de ceux traitant de notre existence sur cette terre ne concorderaient pas davantage), mais en général il y a de grandes ressemblances. Or, dans la circonstance présente, ces renseignements nous étaient parfaitement inconnus, tant à moi-même qu'à l'une ou à l'autre des deux dames qui composaient le cercle des assistants. Deux esprits se mirent successivement en communication avec nous et nous envoyèrent des messages. Le premier épela son nom, «Dorothée Poslethwaite», nom que nous ignorions tous. Elle nous apprit qu'elle était morte cinq ans auparavant à Melbourne, à l'âge de seize ans, qu'elle était maintenant très heureuse, qu'elle avait à travailler et qu'elle avait été à la même école que l'une des dames présentes. A ma demande, cette dame leva ses mains et cita une série de noms; la table se souleva au nom exact de la directrice de l'école; ce qui nous parut confirmer la confidence précédente. L'esprit continua en disant que la sphère dans laquelle elle vivait entourait la terre, qu'elle connaissait les planètes, que Mars était habité par une race beaucoup plus avancée que la nôtre et

---

[1] Environ 21 mètres au-dessus du sol.
[2] Allusion à un ouvrage du professeur Lodge.

que les canaux étaient artificiels, qu'il n'y avait pas de maux corporels dans le monde où elle était, mais qu'il pouvait y avoir anxiété mentale ; que les esprits étaient gouvernés, qu'ils prenaient des aliments. Elle avait été catholique et l'était encore, et n'était pas mieux traitée que les protestants ; qu'il y avait des bouddhistes et des mahométans, que tous partageaient le même sort, sans distinction de religion. Elle n'avait jamais vu le Christ et ne savait rien de plus sur Lui que lorsqu'elle était sur la terre, et croyait en Son pouvoir. Les esprits priaient et mouraient dans le nouveau monde, avant d'entrer dans un autre ; ils avaient des plaisirs, celui de la musique entre autres, que là où elle vivait, il y avait abondance de lumière et de gaieté. Elle ajouta que les esprits n'étaient ni riches ni pauvres, et que les conditions générales d'existence étaient infiniment plus favorables au bonheur que celles de la terre.

Cette dame nous souhaita le bonsoir, et aussitôt une influence, beaucoup plus énergique, s'empara de la table qui se précipita en mouvements violents. En réponse à mes questions, l'esprit prétendit être celui d'un homme que j'appellerai Dodd, qui fut un fameux joueur de cricket, et avec lequel j'avais eu une sérieuse conversation au Caire, avant qu'il remontât le Nil avec l'expédition du Dongolese, expédition dans laquelle il devait trouver la mort. Ceci nous amène, ainsi que je dois le faire remarquer, dans la progression de mes études, à l'année 1896. Dodd était inconnu aux deux dames assises autour de la table. Je commençais par lui poser des questions semblables à celles que je lui aurais faites s'il eût été en face de moi, et il y répondit avec rapidité et décision, parfois dans un sens si opposé à celui que j'attendais, que je ne pouvais être soupçonné de l'avoir influencé. Il nous apprit qu'il était heureux, ne désirait pas retourner sur la terre. Il avait été un libre penseur, mais n'avait pas souffert pour cette raison dans sa nouvelle vie ; la prière était cependant d'après lui très salutaire, en nous mettant en contact avec le monde des esprits ; s'il avait prié davantage, il y aurait eu un rang plus élevé.

Ceci, je dois le souligner, était plutôt en contradiction avec son assertion première, « qu'il n'avait pas souffert d'avoir été libre penseur », et pourtant, on le sait, bien des gens négligent de prier sans être pour cela libres penseurs.

Revenons à Dodd et à ses confidences. Sa fin, nous dit-il, ne fut pas douloureuse, il évoqua celle de Polwhele, un jeune officier, qui mourut avant lui. Quand Dodd, mourut, il trouva dans l'autre monde plusieurs esprits venus pour l'accueillir, mais Polwhele n'était pas parmi eux. Il fut instruit en son temps de la chute de Dongola, mais ne fut pas présent en esprit au banquet du Caire, qui suivit. Il me rappela notre conversation du Caire ; puis nous confia qu'il avait à travailler, savait plus de choses que lors de sa première existence. Il nous dit encore que la durée de la vie dans le nouveau monde était plus courte que sur la terre ; il n'avait pas vu le général Gordon, ni aucun autre fameux esprit. Les esprits vivaient en famille et en communautés ; les époux ne se retrouvaient pas obligatoirement, mais ceux qui s'aimaient pouvaient de nouveau se réunir. J'ai donné le tableau synoptique d'une communication, afin de montrer le genre de résultats que nous obtenions, quoique, dans le cas présent, ceci soit un spécimen très favorable à la fois en étendue et en cohésion. Il montre que ce n'est pas juste de dire, comme tant de critiques le soutiennent, qu'il ne nous parvient que de folles communications. Il n'y a pas de folie ici, à moins d'appeler ainsi toute chose qui ne s'adapte pas à nos idées préconçues. D'autre part, quelle preuve avions-nous de la vérité de ces révélations ? Je n'en voyais pas et ces révélations me désorientaient. Maintenant, grâce à une plus grande expérience, je constate que le même genre d'informations avait été fourni à de nombreux individus inconnus les uns aux autres et habitant des pays différents ; je pense que la concordance des témoignages constitue, comme dans tous les cas d'enquête, quelque argument en faveur de la vérité. A cette époque, je ne pouvais concilier une telle conception du monde futur avec mon propre système de philosophie, et je la notais simplement en passant.

Je continuais mes lectures, remarquant à tout moment quelle multitude de témoins pouvaient être invoqués et combien leurs observations avaient été méticuleuses. Ceci m'impressionnait beaucoup plus que les phénomènes limités qui venaient à portée de mon entourage. Alors, ou peu après, je lus un ouvrage de M. Jacolliot sur les Phénomènes occultes aux Indes. Jacolliot était président du Tribunal de la colonie française de Chandernagor ; il avait une tournure d'esprit très juridique, mais il était plutôt prévenu contre le spiritisme. Il prit part à une série d'expériences avec des Fakirs, qui eurent confiance en lui à cause de son caractère sympathique et parce qu'il parlait leur langage. Il décrit dans son ouvrage les nombreuses précautions dont il s'entoura, afin d'éliminer toute espèce de fraude. Pour abréger sa longue histoire, je dirai qu'il trouva dans ce milieu chacun des phénomènes de la médiumnité européenne avancée, toutes choses que Home, par exemple, a accomplies. Il fut initié à la suspension éthéréenne des corps, au maniement du feu, à faire mouvoir des objets à distance, à la lévitation des tables. L'explication des Fakirs, quant à la production de ces particularités, était qu'ils tenaient leurs pouvoirs des Pitris (ou esprits) et la seule différence entre leurs procédés et les nôtres semblait être qu'ils usaient davantage d'évocation directe. Ils prétendaient que ces pouvoirs leur furent transmis de temps immémorial et remontaient aux Chaldéens.

Ceci m'impressionna énormément, car les Fakirs et nous-mêmes, – en nous ignorant totalement les uns les autres –, arrivions aux mêmes résultats, sans qu'on pût les soupçonner de ces supercheries, si fréquentes en Amérique, ou de plus vulgaires encore, ainsi qu'on nous l'objectait si souvent à propos des phénomènes similaires d'Europe.

Je fus également influencé à cette époque par le rapport de la Dialectical Society, rapport qui remonte aussi loin que 1869. C'est un travail d'une lecture convaincante ; et quoiqu'il ait été ridiculisé, avec un ensemble parfait, par les périodiques ignorants et matérialistes de l'époque, on doit convenir que c'est un document de grande valeur. La Dialectical Society était composée d'un nombre de personnes distinguées et impartiales, désireuses de faire des recherches sur les manifestations extérieures du spiritisme ; le rapport en question était un compte rendu détaillé de leurs expériences et de leurs précautions contre les supercheries. Après lecture des preuves qui y sont accumulées, on ne parvient pas à voir comment ses auteurs auraient pu arriver à une autre conclusion que celle proclamée, à savoir que les phénomènes étaient sans aucun doute authentiques et indiquaient des lois et des forces encore inexplorées par la science. Ce qui est le plus singulier, c'est que si le verdict avait été contre le spiritisme, il aurait certainement porté un coup mortel au mouvement, au lieu, qu'en se faisant garant de la réalité des phénomènes, il ne recueillit que le ridicule. Ceci a été le cas de nombreuses enquêtes, depuis celles conduites à Hydesville, en 1848, ou celle qui suivit quand le professeur Hare de Philadelphie, comme saint Paul, s'élança pour s'opposer à la vérité, mais fut forcé de s'incliner devant elle.

Vers 1891, je devins membre de la Psychical Research Society, ce qui me permit de lire tous ses rapports. On doit beaucoup à l'infatigable activité de cette société et à la sobriété de ses exposés ; quoique j'admette que ceux-ci soient parfois impatientants et que leurs rédacteurs, dans leur désir d'éviter le sensationnel, découragent le public de s'intéresser à leurs remarquables travaux et d'en tirer profit. La demi-scientifique terminologie qu'ils emploient choque aussi le lecteur ordinaire, et on peut dire, après la lecture de leurs articles, ce qu'un trappeur américain des Montagnes Rocheuses me confiait au sujet d'un universitaire qu'il avait piloté pendant une saison : « Il est si savant, que vous ne pouvez le comprendre. » Mais en dépit de ces petites singularités, ceux d'entre nous qui ont désiré la lumière dans l'obscurité l'ont trouvée grâce aux procédés méthodiques d'informations de la Société. Son influence fut un des facteurs qui désormais m'aidèrent à orienter mes pensées. Je devais cependant en subir une autre.

Bien qu'ayant pris connaissance des prodigieuses recherches des grands expérimentateurs, il ne m'était pas encore venu à l'idée d'en recueillir le fruit, en édifiant quelque système qui en eût été le résumé. C'est alors que je lus le monumental ouvrage de Myers : *Human Personality*, une œuvre dont les racines sont si puissantes qu'il doit en sortir un arbre entier de connaissances. Dans son étude, Myers ne pouvait donner aucune formule qui comprît tous les phénomènes désignés sous le nom de spiritisme ; toutefois, en discutant l'action de l'esprit sur l'esprit, ce qu'il a lui-même appelé télépathie, il exposait si clairement son opinion et il l'établissait si nettement, avec tant d'exemples, que tout le monde, sauf ceux qui se refusent volontairement à admettre l'évidence, considéra dorénavant son travail comme une œuvre scientifique.

Or, ceci était un pas considérable. Si l'esprit était capable d'agir à distance sur l'esprit, il y avait donc un pouvoir humain tout à fait indépendant de la matière, comme nous l'avions toujours compris. Le terrain se dérobait sous le pied du matérialiste et mon ancien raisonnement s'effondrait. J'ai dit que la flamme ne peut exister quand la bougie est consumée ; mais ici il y avait une flamme très éloignée de la bougie, agissant en toute indépendance. L'analogie n'était par conséquent qu'apparente. Si la pensée, l'esprit, l'intelligence de l'homme, pouvait opérer à distance du corps, c'était donc une chose, jusqu'à un certain point, séparée de ce corps. Pourquoi alors l'esprit n'aurait-il pas existé par lui-même, aussi bien quand le corps avait péri ? Non seulement ces manifestations se produisaient à distance, dans le cas de ceux qui étaient morts depuis peu ; mais elles revêtaient les apparences mêmes de la personne morte, démontrant que ces manifestations étaient transmises par quelque chose qui était exactement comme le corps, et cependant agissait en dehors de lui et lui survivait. L'enchaînement des preuves – depuis le plus simple cas de lecture de la pensée, d'une part, et la manifestation même de l'esprit indépendamment du corps, d'autre part – était ininterrompu, chaque phase succédant à l'autre. Et l'ensemble de ces conjonctures me semblait contenir les premiers éléments d'un système scientifique, et classer ce qui avait été une simple collection de faits confus et plus ou moins sans rapport les uns avec les autres.

Vers cette même époque, j'eus l'occasion de participer à une intéressante expérience, ayant été désigné avec deux autres délégués, par la Psychical Society, pour passer la nuit dans une maison hantée. C'était un cas de *polter-geist*[3], c'est-à-dire un cas où l'on entendait des bruits et des coups incompréhensibles, rappelant considérablement celui de la famille de John Wesley, à Epworth en 1726, ou celui encore de la famille Fox à Hydesville, près de Rochester, en 1848, lequel motiva des enquêtes qui furent le point de départ du spiritisme moderne. Rien de sensationnel ne marqua notre voyage, qui ne fut cependant pas tout à fait stérile dans ses résultats ; la première nuit fut indemne d'incident ; tandis qu'au cours de la seconde, nous perçûmes d'effroyables bruits, semblables à ceux que l'on occasionnerait en frappant une table avec un bâton. Nous nous étions, bien entendu, entourés des précautions les plus élémentaires, et ne pouvions expliquer la provenance de ce vacarme ; sur le moment, nous n'aurions pu jurer qu'on ne nous avait pas joué quelque ingénieux mauvais tour. Toutefois l'affaire en resta là.

Quelques années plus tard, cependant, je rencontrai un membre de la famille habitant cette maison, qui m'apprit, qu'après notre visite, les ossements d'un enterré selon toute probabilité, avaient été trouvés dans le jardin. On admettra que ceci était très remarquable ; les maisons hantées sont rares, et celles dans le jardin desquelles sont enfouis des restes humains sont, nous l'espérons, non moins rares. Que ces circonstances exceptionnelles se soient trouvées réunies dans une même maison constitue sûrement quelque argument en faveur de l'authenticité du phénomène. Il est intéressant de rappeler, qu'en ce qui concerne la famille Fox, il fut aussi question d'ossements humains et qu'il y eut preuve de meurtre dans la cave, bien qu'aucun crime récent ne fût jamais établi. Je ne doute pas que si la famille Wesley eût pu entrer en conversation avec son persécuteur,

---

[3] Esprit malfaisant qui se plaît à des manifestations confuses, difficilement explicables.

elle ne serait arrivée à découvrir quelque motif à sa persécution; ce qui semblerait démontrer que si une existence a été violemment abrégée, une certaine quantité de vitalité, non dépensée, voudrait encore se manifester d'une façon étrange et malfaisante. Plus tard, j'eus personnellement une autre aventure du même genre, dont on trouvera la relation à la fin de ce récit[4].

Depuis cette période jusqu'à celle de la guerre, je continuai à consacrer les heures de loisir d'une existence très occupée à l'étude attentive de ce sujet. J'assistai, entre autres choses, à une série de séances qui donnèrent de très étonnants résultats, y compris plusieurs matérialisations (ou apparitions) vues dans une demi-obscurité. Comme le médium fut, peu après, surpris mystifiant son auditoire, je dus renoncer à considérer ces séances comme probantes. Ce qui me permet d'ajouter, car il faut se mettre en garde contre de trop faciles présomptions, que bien des médiums, comme Eusapia Palladino, ont pu se rendre coupables de tricheries, quand leur pouvoir venait à leur manquer, encore qu'à d'autres moments il n'y ait pas à suspecter l'authenticité de leurs talents. La médiumnité, dans ses plus vulgaires manifestations, est un don purement physique (sans aucune relation avec la moralité), qui peut parfois être intermittent et ne pas être contrôlable à volonté. Eusapia fut au moins deux fois convaincue de grossières et stupides fraudes, au cours de longs examens portant sur toutes les possibilités de preuves que lui firent subir des comités scientifiques, composés des plus éminents spécialistes de France, d'Italie et d'Angleterre. Cependant je préférai retrancher de mes observations tout ce qui avait trait à des expériences avec un médium discrédité; car je considère que les phénomènes physiques qui se produisent dans l'obscurité, perdent nécessairement de leur valeur, s'ils ne sont pas en outre accompagnés de communications probantes.

Ceux qui nous critiquent ont l'habitude de prétendre que si l'on renonce aux témoignages des médiums suspects, c'est renoncer à la plupart des preuves que nous invoquons. Il s'en faut du tout au tout que l'argument soit exact. Jusqu'à l'époque de l'incident que je viens de relater, je n'avais pas eu de rapport avec aucun médium professionnel, et cependant j'avais réuni un certain nombre de preuves. Le plus éminent de tous les médiums, M. D. D. Home accomplit ses phénomènes en plein jour; il se prêta à tou-

---

[4] Annexe III.

tes les épreuves possibles et ne fut jamais convaincu de supercherie. Il en fut ainsi pour beaucoup d'autres. Il n'est que juste de déclarer, au surplus, que quand un médium public sert de réclame à ceux qui sont à l'affût de ce qui attire l'attention, à des détectives amateurs et à des reporters avides de ce qui est sensationnel, quand il s'occupe d'opérations obscures et décevantes l'obligeant à se défendre devant des jurys et des juges (qui, en règle générale, ne connaissent rien de ce qui influence les manifestations en question), il serait vraiment prodigieux qu'un tel homme se tirât d'affaire sans quelque scandale. Enfin, le système général de rétribuer les expérimentateurs d'après les résultats obtenus, ce qui est le système actuel, est une organisation déplorable. C'est seulement quand le médium professionnel aura des revenus assurés, sans relation avec les effets de ses expériences, que nous éliminerons de façon certaine toute tentation de substituer de prétendus phénomènes à ceux qui font défaut.

J'ai maintenant esquissé l'évolution de ma pensée jusqu'à l'époque de la guerre. Je ne crois pas être présomptueux en disant qu'elle fut sagement mûrie et ne montre aucune trace de cette crédulité aveugle que nos adversaires nous reprochent. Mon évolution fut parfaitement circonspecte, car je ne m'arrêtai que trop à jeter dans la balance de la vérité quoi que ce soit qui eût pu m'influencer. J'aurais probablement, sans la guerre, passé ma vie entière en me contentant de faire des recherches psychiques et de porter à ce sujet une sympathie de dilettante, comme lorsqu'il s'agit de questions impersonnelles, telles que l'existence de l'Atlantide ou la controverse baconienne ; mais la guerre vint, et cette terrible épreuve ramena nos âmes à la ferveur, elle revivifia nos propres croyances et en rétablit la valeur. En face d'un monde agonisant, en apprenant chaque jour la mort de la fleur de notre race dans la première éclosion de sa jeunesse, en voyant autour de nous les femmes et les mères qui n'avaient d'autre conception sinon que leurs bien-aimés n'étaient plus, il me sembla comprendre soudain que ce sujet, avec lequel j'avais badiné, n'était pas seulement l'étude d'une force en dehors des règles de la science, qu'il était réellement quelque chose d'extraordinaire, l'effondrement d'un mur entre deux mondes, un indéniable message de l'Au-delà, et un guide pour l'humanité au moment de sa plus profonde affliction. Son côté objectif cessait de m'intéresser, car ayant décidé que là était la vérité, il n'y avait plus à discuter. Son côté religieux était d'une signification infiniment plus considérable. La sonnerie du téléphone est en elle-même une chose enfantine ; elle peut aussi être le signal d'une communication de la plus haute importance. Il m'apparaissait que tous ces phénomènes, petits ou grands, n'avaient été que la sonnerie du téléphone, que sans aucun sens en eux-mêmes ils avaient crié au genre humain : «Debout! Attention! Tenez-vous prêts! Ces signaux sont pour vous; ils précéderont les messages que Dieu désire vous envoyer.» C'étaient les messages, non les signaux, qui étaient réellement importants. Une Révélation Nouvelle était, selon toute apparence, en voie de manifestation, quoiqu'elle fût encore à ce que nous pourrions appeler le degré de saint Jean-Baptiste, par rapport au Christ, et autant qu'on puisse le dire, assez éloignée d'une entière clarté. Mon opinion est que les phénomènes physiques, qui ont été surabondamment démontrés à tous ceux qui se soucient d'examiner l'évidence, n'ont qu'une importance secondaire, tandis que leur valeur réelle résulte de l'objectivité relative qu'ils donnent à un immense champ de connaissances. Ce sont ces connaissances qui modifieront nos vues religieuses initiales et doivent, après rationnelle compréhension et assimilation, faire de la réalité une religion, non plus un article de foi, mais une question effective. C'est ce côté de la question que je voudrais maintenant traiter; toutefois, je dois ajouter à mes précédentes remarques que, depuis la guerre, grâce à des occasions exceptionnelles, j'ai été à même de confirmer toutes mes opinions quant à la vérité des faits généraux sur lesquels mes idées sont basées.

Ces occasions vinrent de ce qu'une dame qui vivait avec nous, une Miss L.S..., se montra douée de la faculté d'écrire automatiquement. De toutes les formes de la médiumnité, celle-ci doit, à mon avis, être prouvée plus rigoureusement qu'aucune autre, car elle se prête très aisément, non pas tant à une déception quelconque qu'à la sienne propre, ce qui est infiniment plus subtil et dangereux. Cette personne écrit-elle elle-même? ou y a-t-il, comme elle l'affirme, un pouvoir qui la dirige, ainsi que le chroniqueur des Israélites, dans la Bible, affirmait l'être? Dans le cas de Miss L.S..., il est incontestable que certains messages furent démontrés inexacts; spécialement pour la question de temps, on ne pouvait en tenir compte. D'autre part, le nombre de ceux qui furent reconnus exacts était au delà de ce qu'aucune conjecture ou coïncidence pouvaient expliquer. Par exemple, quand le Lusitania fut coulé et que les journaux du matin annoncèrent, qu'autant qu'on en était informé, il n'y avait pas de victime, le médium écrivit aussitôt : «C'est terrible, terrible, et cela aura une grande influence sur la guerre.» En effet, ce fut la raison déterminante de l'intervention américaine dans le grand conflit; la communication fut donc exacte aux deux points de vue. Une autre fois encore, Miss L.S... prédit l'arrivée d'un télégramme important, en indiquant la date de sa réception ainsi que le nom de l'expéditeur, la personne de qui on pouvait le moins l'attendre. La réalité de son inspiration n'était pas niable, quoiqu'elle se produisît avec des écarts notoires. C'était comme si nous avions reçu un très bon message à travers un appareil téléphonique très secondaire.

Un autre incident, qui se passa au début de la guerre, est resté fixé dans ma mémoire. Une dame, à laquelle je m'intéressais, mourut dans une certaine ville de province; c'était une malade chronique et, détail à retenir, on trouva près de sa couche mortuaire de la morphine, ce qui donna prétexte à une enquête judiciaire, terminée par un non-lieu. Huit jours plus tard, j'assistai à une séance avec M. Vout Peters; après de nombreux propos vagues et inconséquents, il dit soudain: «Il y a ici une dame; elle s'appuie sur une personne plus âgée. Elle persiste à dire *Morphine*. Elle l'a déjà répété trois fois; son esprit est obscur, elle ne le fait pas exprès. Morphine.» Ce furent presque exactement ses paroles. La télépathie fut absolument étrangère à cette communication, car je pensais à toute autre chose qu'à la mort de cette dame et ne m'attendais pas à ce message.

Le mouvement spirite acquerra au surplus une grande solidité, non seulement par les expériences personnelles, mais aussi grâce à la puissante littérature qui a jailli autour de lui récemment; celle-ci a produit, cette année même ou peu avant, cinq ouvrages de tout premier ordre qui, selon moi, devraient suffire à convaincre tout esprit curieux non prévenu. Je veux parler de *Raymond*, par le professeur Lodge; *Psychical Investigations*, par Arthur Hill; *Reality of Psychical Phenomena*, par le professeur Crawford; *Treshold of the Unseen*, par le professeur Barett, et *Ear of Dionisius*, par Gerald Balfour.

Avant d'étudier la question d'une Nouvelle Révélation religieuse et d'expliquer, comment elle nous parvint et en quoi elle consiste, je voudrais me permettre une dernière parenthèse. Nos adversaires, croyant nous embarrasser, se sont toujours retranchés derrière deux sortes de protestations: d'abord, que les faits sur lesquels nous nous appuyons sont faux; ce à quoi j'ai déjà répondu. Secondement, que nous abordons un sujet défendu, que nous devons abandonner immédiatement. Comme je suis parti d'un point de vue comparativement matérialiste, je n'ai jamais été affecté par cette objection; mais aux personnes qu'elle atteint, je voudrais soumettre une ou deux considérations. La principale est que Dieu ne nous a pas donné de facultés, en limitant l'emploi que nous en ferions; le fait que nous les possédons est une preuve en elle-même qu'il est de notre strict devoir de les étudier et de les développer. Il est vrai qu'en ceci comme pour toute autre disposition nous pourrions commettre des abus si nous perdions notre sens général de la proportion. Je répète que la simple possession de ces facultés est une forte raison pour soutenir qu'il est légitime, et même obligatoire, d'en faire usage.

On doit aussi se rappeler que l'argument de «science illicite», renforcé de la citation de textes plus ou moins appropriés, a toujours été invoqué à propos de tout progrès des connaissances humaines. Il fut opposé à l'astronomie nouvelle, et Galilée eut en fait à se rétracter. On s'en servit contre Galvani et l'électricité; contre Darwin, qui aurait très certainement été brûlé, s'il eût vécu quelques siècles plus tôt. On a fait semblable objection à Simpson, quant à l'emploi du chloroforme pendant les accouchements, sous prétexte que la Bible déclare: «Vous enfanterez dans la douleur.» Une allégation, si souvent employée et si souvent abandonnée, ne peut pas être considérée très sérieusement.

A ceux, cependant, pour qui le point de vue théologique est encore une pierre d'achoppement, je voudrais conseiller la lecture de deux brochures, écrites l'une et l'autre par des ecclésiastiques. La preinière est *Is Spiritualism of the Devil?* par le pasteur Fielding Ould, ne coûtant que vingt centimes; l'autre est intitulée: *Our self after Death*, et a pour auteur le pasteur Arthur Chamber. Je peux aussi recommander les écrits du pasteur Charles Tweedale sur ce sujet. J'ajouterai enfin que, lorsque je rendis publique pour la première fois ma façon de voir, une des premières lettres de sympathie que je reçus était de feu l'Archdeacon Wilberforce.

Il y a quelques théologiens qui ne s'opposent pas au spiritisme seulement comme culte, mais vont jusqu'à dire que les phénomènes et les communications viennent des démons, lesquels se substituent à nos morts, ou prétendent être de célestes instructeurs. Il est difficile d'admettre que ceux qui expriment de semblables opinions aient jamais eu aucune expérience personnelle des effets consolants et vraiment élevés de ces communications sur ceux qui en bénéficient. Ruskin a déclaré que sa conviction de la vie future lui venait du spiritisme, quoiqu'il ait ajouté, tant soit peu illogiquement et avec ingratitude, que la notion lui en suffisait et qu'il ne désirait pas aller plus loin. Le nombre est cependant considérable – *quorum pars parva sum* – de ceux qui, sans aucune réserve, peuvent déclarer qu'ils passèrent du matérialisme à la croyance de la vie future, avec tout ce qu'elle implique, rien que par l'étude du sujet. Si c'est là l'œuvre du diable, on avouera que le diable est un ouvrier bien maladroit, puisqu'il obtient des résultats si éloignés de ceux qu'il était censé souhaiter.

Chapitre II

La Révélation

Je peux maintenant, avec quelque soulagement, aborder un aspect plus impersonnel de cet important sujet. J'ai fait plus haut allusion à une forme de doctrine nouvelle. Comment nous est-elle venue ? Principalement par des écrits automatiques, tracés par la main de médiums que conduit soit un esprit supposé être celui d'un trépassé, comme dans le cas de Miss Julia Ames, soit un esprit éducateur, comme dans celui de M. Stainton Moses. Ces communications écrites sont amplifiées par un nombre considérable de déclarations, faites pendant l'état de transe, et par des messages verbaux des esprits, transmis par les médiums. Cette doctrine a même été quelquefois révélée sans intermédiaire, les esprits faisant entendre directement leurs voix, comme dans de nombreux cas décrits par l'amiral Usborne Moore, dans son livre *The Voices*. De temps en temps, elle se manifeste au sein de la famille, à des séances de tables mouvantes, comme je l'ai rapporté plus haut à deux reprises différentes, en parlant de mes propres expériences. Quelquefois, comme dans un exemple enregistré par Mrs. de Morgan, elle emprunta la main d'un enfant pour se faire connaître.

Il va de soi qu'on nous fait immédiatement l'objection suivante : comment savez-vous que ces messages viennent de l'Au-delà ? comment pouvez-vous être sûrs que le médium n'écrit pas consciemment, ou, si cela est improbable, que les messages en question ne lui sont pas – sans qu'il s'en rende compte – dictés par son subconscient ? C'est une manière de voir parfaitement juste, dont nous devrons nous inspirer en toute circonstance, car si le monde entier doit se remplir de prophètes secondaires, chacun d'eux énoncera sa propre conception de cette doctrine religieuse, en ne l'étayant que sur sa propre affirmation, ce qui nous ramènera en vérité au sombre temps de la foi aveugle. Il nous faudra donc, pour toute réponse, exiger des miracles, avec preuves à l'appui, avant d'accepter des assertions dont la vérité ne pourrait être prouvée. Autrefois on demandait au prophète un miracle, ce qui était parfaitement logique et l'est encore. De même, si une personne m'apporte un récit de la vie de quelque autre monde, ne produisant pas d'autres pièces justificatives que les attestations de son auteur, je mettrai plus facilement ce travail dans ma corbeille à papier que sur ma table d'étude. La vie est trop courte pour s'attarder à peser le mérite de telles productions.

Mais si, comme avec Stainton Moses, dans ses *Spirit Teachings*, les doctrines dépeintes comme venant de l'Au-delà sont révélées grâce à des facultés anormales, — et Stainton Moses fut à tous égards l'un des plus remarquables médiums que l'Angleterre ait jamais produits — alors le problème s'impose à mon attention. En outre, si une Miss Julia Ames peut révéler à M. Stead des détails de sa propre existence sur cette terre qu'il ne pouvait soupçonner, et qui furent ensuite démontrés et reconnus exacts, alors on est plus incliné à admettre comme vraies aussi ces révélations dont la preuve ne peut être faite. Ou encore si un Raymond peut nous décrire une photographie dont aucun exemplaire n'a encore pénétré en Angleterre, et que celle-ci soit absolument conforme à la description qu'il en a faite ; et s'il peut nous apprendre par des lèvres étrangères toutes sortes de particularités sur sa vie familiale, particularités que ses parents vérifièrent et certifièrent exactes, est-il déraisonnable de supposer que ce Raymond n'est pas moins digne de foi quand il décrit les phases de son propre genre de vie, au moment où il est en communication avec nous ? Ou quand M. Arthur Hill reçoit des messages de personnes qu'il ignore totalement et constate que lesdits messages sont vrais dans tous leurs détails, n'est-ce pas une juste conséquence d'admettre que les esprits disent la vérité quand ils nous font connaître ce que sont leurs nouvelles conditions d'existence ?

Ces cas sont multiples, et je n'en mentionne que quelques-uns ; mais mon opinion est que l'ensemble de ce système, depuis le phénomène physique le plus ordinaire de table mouvante jusqu'à la plus haute inspiration d'un prophète, est un tout complet, chaque anneau relié au suivant ; et que lorsque l'une des extrémités de cette chaîne fut placée à portée de l'humanité, ce fut pour que celle-ci, par un travail assidu et le raisonnement, pressentît la route à suivre à la fin de laquelle l'attendait la Révélation.

Ne méprisez point les humbles commencements des tables tournantes ou du tambourin mouvant, quoique ces exploits aient pu être simulés ; rappelez-vous plutôt que c'est la chute d'une pomme qui a donné naissance à la loi de la pesanteur, que c'est la marmite bouillante qui a engendré la machine à vapeur, que c'est la contraction de la patte d'une grenouille qui nous mit sur la voie des expériences d'où sortit la découverte de l'électricité. Ainsi les plus basses manifestations de Hydesville ont porté leurs fruits, car en attirant l'attention de quelques-uns des intellectuels les plus éminents de ce pays, durant ces vingt dernières années, elles furent la cause initiale de travaux qui, dans mon opinion, sont destinés à apporter aux expériences humaines le plus grand développement.

Des personnalités, dans l'opinion desquelles j'ai la plus grande confiance, −notamment sir William Barratt− ont affirmé que la recherche psychique est une chose tout à fait distincte de la religion. C'est incontestable, en ce sens qu'un individu peu recommandable peut être un excellent observateur de phénomènes psychiques. Or, les résultats de ces recherches, les déductions et les leçons que nous pouvons en tirer, nous apprennent la survivance de l'âme, la nature de cette survivance et comment elle est influencée par notre conduite ici-bas. Si ceci est distinct de la religion, je dois avouer que je ne comprends pas très bien la différence. Pour moi, c'est la religion, son essence même ; cela ne veut pourtant pas dire que les résultats en question se cristalliseront nécessairement en une nouvelle religion ; c'est en tout cas ce que je souhaite personnellement. Nous sommes sûrement déjà assez partagés dans nos opinions religieuses. Je préférerais voir ce principe essentiel du spiritisme faire l'union des croyances (car il est la seule chose prouvable de toute religion, chrétienne ou non) et former la commune base solide sur laquelle chacune élèvera −en admettant qu'elle doive le faire− un système particulier qui en appellera aux différentes mentalités. En effet, les races méridionales aimeront toujours mieux, en opposition avec celles du Nord, ce qui est moins austère, tandis que celles de l'Ouest seront toujours plus critiques que celles de l'Est. On ne peut tout ramener à une croyance uniforme. Toutefois si les vastes prémisses, qui nous sont garanties par cet enseignement de l'Au-delà, sont acceptées, alors l'humanité a fait un grand pas vers la paix religieuse et l'unité.

La première question qui se présente à notre esprit est celle-ci ; comment cette influence se substituera-t-elle aux anciennes religions établies et aux différents systèmes philosophiques qui ont influencé la conduite des hommes ? Répondons tout d'abord que la Révélation Nouvelle ne sera fatale qu'à une seule de ces religions, ou un seul de ces systèmes philosophiques : au matérialisme. Je ne dis pas ceci avec une intention hostile contre les matérialistes, qui sont à mon avis, en tant que corps organisé, aussi sérieux et moraux qu'aucun autre groupement ; mais il est manifeste que, si l'esprit peut vivre sans la matière, alors le principe même du matérialisme s'évanouit, entraînant l'écroulement des théories qui en découlent.

Pour les autres croyances, on est forcé d'admettre que l'acceptation de l'enseignement qui nous vient de l'Au-delà modifierait profondément le Christianisme conventionnel. Ces modifications, loin d'être en contradiction avec l'esprit du Christianisme, seraient plutôt des commentaires et contribueraient à son développement, en redressant ces graves malentendus qui ont toujours offensé la raison du penseur, et en confirmant de façon absolue le principe de la survivance après la mort, base de toutes les religions. Cet enseignement certifierait les malheureuses conséquences du péché, en montrant que ces conséquences ne seront point éternelles ; affirmerait l'existence d'êtres supérieurs, que nous avons appelés des anges, et d'une hiérarchie planant au-dessus de nous à la tête de laquelle l'esprit du Christ trouve sa place, dans les hauteurs de l'infini, telle que nous en associons l'idée avec celle que nous nous faisons de la toute-puissance, ou de Dieu. Enfin, ce même enseignement confirmerait l'idée du ciel et d'un état momentané de pénitence, correspondant plus au purgatoire qu'à l'enfer. Ainsi, cette Nouvelle Révélation – dans la plupart de ses points essentiels – n'est pas opposée aux vieilles croyances ; elle serait considérée par les fidèles, réellement fervents de toute religion, plutôt comme une puissante alliée que comme un dangereux ennemi, engendré par le diable.

Cependant, examinons en quel sens le Christianisme pourrait être amené à évoluer par le fait de cette nouvelle révélation.

Tout d'abord je dirai ceci, qui sera évident pour beaucoup, tandis que nombre de personnes le déploreront : le Christianisme doit évoluer ou disparaître. C'est la loi de la vie : les choses s'adapteront aux circonstances ou disparaîtront. Le Christianisme a différé trop longtemps de changer ; il l'a différé jusqu'à ce que ses églises soient à moitié vides, jusqu'à ce que ses adeptes se recrutent principalement parmi les femmes, jusqu'à ce que tout à la fois les membres les plus instruits de la communauté comme les plus pauvres, à la ville aussi bien qu'à la campagne, se détachent profondément de lui. Essayons d'en tracer la raison. Cette tendance est manifeste dans toutes les sectes du Christianisme et provient, par conséquent, de quelque sérieuse cause commune.

Les fidèles s'éloignent, parce qu'ils ne peuvent pas admettre que les faits, ainsi qu'on les leur présente, soient vrais. Leur raison et leur sens de la justice sont également offensés. On ne peut voir en effet de justice dans un sacrifice de substitution, ni dans un Dieu que de telles pratiques peuvent apaiser. Par-dessus tout, beaucoup ne peuvent comprendre la signification d'expressions comme «rémission du péché», «purification par le sang de l'Agneau», etc. Aussi longtemps que la question de la chute de l'homme a pu être acceptée, semblables phrases étaient explicables. Or, il fut démontré qu'il n'y eut jamais de chute de l'homme; grâce à nos connaissances de plus en plus étendues, il nous fut possible de reconstituer, degré par degré, l'ascendance ancestrale du type humain, et, en passant par l'homme des cavernes et l'homme-nomade, de remonter à cette époque ténébreuse et lointaine de l'homme-singe, qui lentement devait dépouiller toute animalité; et alors, faisant un retour en arrière sur cette longue succession d'existences, qui nous le savons, se perfectionna de génération en génération, nous ne trouvâmes pas la moindre preuve de chute. Si donc il n'y eut jamais de chute, que devient, en ce cas, la théorie de l'expiation, de la rédemption, du péché originel? En un mot, que reste-t-il de la plus grande partie de la philosophie mystique du Christianisme? Même si cette théorie avait été raisonnable en elle-même, quoiqu'elle soit présentement démontrée absurde, elle se serait quand même trouvée en opposition avec les faits.

En outre, trop de signification a été donnée à la mort du Christ. Ce n'est pas une chose extraordinaire en soi que de mourir pour une idée. Toutes les religions ont eu leurs martyrs; des hommes meurent continuellement pour leurs convictions; des milliers de nos jeunes gens l'ont fait en France. C'est pourquoi la mort du Christ, sublime comme elle est dans le récit de l'Évangile, paraît assumer une prédominance injustifiée, puisque cela n'est pas un phénomène unique qu'un homme se sacrifie en poursuivant une réforme. A mon avis, on a donné à la mort du Christ beaucoup trop d'importance, et sa vie n'a pas été assez mise en relief; car c'était là que la vraie grandeur et la vraie leçon reposaient. Ce fut une vie qui, même imparfaitement retracée comme elle l'est, ne contient aucun trait qui ne soit admirable: vie pleine de tolérance pour les autres, d'affectueuse charité, de modération, de mansuétude et de noble courage, celle d'un être tendant toujours au progrès et accueillant les idées nouvelles; car le Christ ne fut jamais amer pour les théories qu'il devait supplanter, quoiqu'il lui arrivât parfois d'être impatienté par l'étroitesse d'esprit et la bigoterie de leurs défenseurs. On est spécialement attiré par sa promptitude à s'assimiler l'essence de la religion et à rejeter les textes et les formules: et il n'y a pas d'exemple de semblable bon sens, ni de semblable sympathie pour les faibles. En vérité, ce fut la plus merveilleuse des existences, autrement supérieure à sa mort, dont on a fait le véritable centre de la religion chrétienne.

Maintenant, considérons quelle lumière nos guides spirites ont fait jaillir sur la question du Christianisme. Les opinions ne sont pas plus uniformes là-bas qu'elles ne le sont ici. Toutefois, en lisant un certain nombre de messages sur ce sujet, on peut dire qu'ils se réduisent à ceci : Il y a, au-dessus des esprits de nos trépassés, beaucoup d'esprits qui leur sont supérieurs ; ils varient en espèces ; appelez-les des «anges» et vous vous rapprochez de la vieille conception religieuse. Plus haut que tous ceux-ci, est le plus grand Esprit dont ils aient eu connaissance, –non Dieu, puisque Dieu est si infini qu'Il n'est pas à leur portée– mais celui qui est plus près de Dieu, et qui, jusqu'à un certain point représente Dieu : l'Esprit du Christ. L'objet de sa sollicitude est la terre. Il descendit parmi nous à une époque de grande dépravation terrestre, à une époque où le monde était aussi malfaisant qu'actuellement afin de donner l'exemple d'une vie idéale. Ensuite, il retourna à sa propre demeure céleste, ayant laissé un enseignement qui est encore parfois suivi. Voici l'histoire du Christ, comme les esprits la racontent ; il n'y est pas question d'expiation ou de rédemption ; mais elle contient un système parfaitement réalisable et raisonnable, selon moi.

Si une telle conception du Christianisme était généralement acceptée et si elle était corroborée par l'assurance et les démonstrations de la Nouvelle Révélation qui nous viennent de l'autre monde, alors nous aurions une croyance qui grouperait toutes les confessions, qui pourrait se mettre d'accord avec la science, qui défierait toutes les attaques et qui pourrait soutenir la Foi chrétienne pour un temps indéfini. La Raison et la Foi seraient au moins réconciliées ; un cauchemar serait banni de nos pensées et la paix spirituelle rayonnerait. Je ne vois pas ces résultats s'implantant comme une conquête rapide ou une révolution violente, mais plutôt à la manière d'une pénétration pacifique, comme certaines idées, telles que celle d'un enfer éternel, se sont déjà doucement effacées de notre propre vivant. Cependant, c'est quand l'âme humaine est labourée et déchirée par la souffrance, que les éléments de la vérité doivent être semés, afin que quelque moisson spirituelle croisse sûrement, pendant les jours qui nous restent à vivre.

Quand je lis le Nouveau Testament avec la connaissance que j'ai du spiritisme, je demeure profondément convaincu que les enseignements du Christ furent, à plusieurs importants points de vue, perdus par l'Église primitive et ne nous sont point parvenus. Toutes ces allusions à une conquête sur la mort n'ont, me semble-t-il, que peu de rapport avec la philosophie chrétienne actuelle; au lieu que pour ceux qui ont vu, quoique faiblement, à travers le voile, et touché, quoique légèrement, les mains tendues de l'Au-delà, pour ceux-là la mort, en vérité, a été conquise. Quand il est fait mention de ces phénomènes qui nous sont si familiers, tels que les lévitations, les langues de feu, les talents spirituels, en un mot l'accomplissement des miracles, nous comprenons que l'essence même de leur signification, la continuité de la vie et la communication avec les morts, était plus que certainement connue. Nous sommes frappés en lisant que : «Ici, il n'accomplit pas de miracle, car le peuple n'avait pas la foi.» Ceci ne s'accorde-t-il pas parfaitement avec la loi psychique que nous connaissons? Ou, quand le Christ, étant touché par la femme malade, dit : «Qui m'a touché? Beaucoup de vertu est sortie de moi.»

Pouvait-il plus clairement exprimer ce qu'un médium guérisseur dirait maintenant, excepté qu'il emploierait le mot de «pouvoir» au lieu de «vertu»? Et encore quand nous lisons : «Éprouvez les esprits pour savoir s'ils viennent de Dieu», n'est-ce pas l'avis même que l'on donnerait maintenant au novice assistant à des expériences?

Cette question est trop vaste pour que je fasse plus que l'effleurer; mais je crois que ce sujet – que les Églises chrétiennes les plus rigoristes attaquent maintenant si amèrement– est réellement l'enseignement essentiel du Christianisme lui-même. A ceux qui voudraient aller plus loin dans cet ordre d'idées, je recommande la lecture de *Jesus of Nazareth*, par le docteur Abraham Wallace, si toutefois l'édition de cet intéressant petit ouvrage n'est pas épuisée; son auteur démontre, de la manière la plus convaincante, que les miracles du Christ étaient tous à la portée des pouvoirs de la loi psychique, comme nous la comprenons maintenant, et se conformaient aux données exactes d'une telle loi, même dans les plus infimes détails. Deux exemples ont déjà été cités; beaucoup sont, en outre, expliqués dans ce petit opuscule. Ce qui m'a convaincu de la vérité de sa thèse fut que l'histoire de la matérialisation des deux prophètes sur la montagne était extraordinairement exacte, si on la jugeait d'après les principes psychiques. Il y a d'abord cette circonstance que le choix porta sur Pierre, Jacques et Jean, –qui formaient le cercle psychique, quand le mort fut rappelé à la vie et étaient probablement les plus impressionnables du groupe ;– puis il y eut le choix de l'air pur de la montagne, les vêtements resplendissants, le nuage, les paroles : « Construisons trois tabernacles », que l'on peut aussi bien lire : « Construisons trois tentes », c'est-à-dire le moyen idéal de produire les apparitions par la concentration des pouvoirs psychiques. Tout ceci constitue une théorie très consistante de la similitude des procédés. Pour le reste, la réunion des dons que saint Paul nous donne comme étant nécessaires au Disciple chrétien est la même que celle qu'un médium puissant doit posséder, comprenant les facultés de prophétiser, guérir, exécuter des miracles (ou phénomènes physiques), clairvoyance, et autres. (Corinth., I, xii, 8, 11.) L'Église chrétienne primitive fut saturée de spiritisme et ne semble pas avoir fait attention à ces interdictions du Vieux Testament, qui étaient de garder ces prérogatives seulement pour l'usage et le profit du clergé.

Chapitre III

La Vie Future

Négligeant maintenant ce vaste sujet – qui pourrait être si fertile en contestatations – des modifications que les révélations nouvelles peuvent imposer au Christianisme, j'essayerai de retracer le sort qui attend l'homme après sa mort. L'évidence sur ce point est complète. De nombreux messages de l'Au-delà ont été reçus dans des pays différents à des époques éloignées, dont les fragments concernant ce monde ont pu être vérifiés ; il n'est que juste de supposer, me semble-t-il, que si ce que nous avons pu vérifier est vrai, alors ce qui échappe à notre contrôle l'est également. Quand, au surplus, nous trouvons une très grande conformité entre les messages et une non moins grande concordance dans les détails, lesquels n'ont pas le moindre rapport avec aucun système philosophique préexistant, alors je considère que la présomption de vérité est très forte. Il serait absurde d'admettre que quinze ou vingt messages de diverses sources que j'ai personnellement recueillis, qui sont tous similaires, seraient cependant tous faux ; de même qu'il serait stupide de supposer que les esprits diraient la vérité en parlant de notre monde et mentiraient en parlant du leur.

Je reçus dernièrement, dans la même semaine, deux descriptions de notre future existence, l'une par l'intermédiaire d'un proche parent d'un haut prélat, tandis que l'autre me vint par la femme d'un simple mécanicien écossais. Ces deux personnes ne se connaissaient nullement, et cependant leurs récits se ressemblent, au point d'être pratiquement identiques [5].

Les messages, de façon générale, paraissent infiniment rassurants, soit que nous considérions notre propre destinée, soit celle de nos amis. Tous les trépassés sont d'accord pour déclarer que le passage dans l'autre monde est à la fois facile et sans souffrance, et suivi d'une profonde réaction de paix et de bien-être. L'individu se retrouve dans un corps spirituel, absolument semblable au précédent, sauf que toutes ses maladies, faiblesses ou difformités l'ont quitté. Ce corps attend ou flotte au côté de l'ancien corps,

---

[5] Voir Annexe II.

et est à la fois conscient de celui-ci et des personnes environnantes. À ce moment, le mort est plus près de la matière qu'il ne le sera désormais, et de là il s'ensuit que c'est à ce moment que la plupart des manifestations spirites se produisent, quand les pensées du mort, s'étant dirigées vers une personne éloignée, le corps spirituel suit ses pensées et apparaît à la personne en question. Sur une quantité de quelque deux cent cinquante cas, soigneusement consignés par M. Gurney, cent trente-quatre de ces apparitions se produisirent à ce moment même de dissolution, c'est-à-dire quand le nouveau corps spirituel, d'après ce que nous savons, est assez matériel pour être plus visible à l'œil d'un ami qu'il ne le deviendra plus tard.

Ces apparitions, cependant, sont très rares en comparaison du nombre total des morts. Je peux expliquer la plupart de ces abstentions, en disant que le mort est trop occupé par ses étonnantes expériences particulières, pour penser aux vivants. Il constate bientôt, à sa grande surprise, que, quels que soient ses efforts pour communiquer avec les vivants, sa voix et son toucher célestes sont l'un et l'autre incapables de faire aucune impression sur les organes humains, qui ne sont à l'unisson qu'avec des sens plus grossiers. C'est un sujet qui ouvre un vaste champ aux spéculations philosophiques ; une plus complète connaissance des rayons lumineux, qui émanent du spectre, ou de ces sons dont nous pouvons prouver l'existence par les vibrations d'un diaphragme (car ils sont trop ténus pour l'oreille des mortels), ne nous apportera pas de connaissances psychiques plus étendues. Laissant ceci de côté, nous suivrons les destinées de l'esprit qui s'en va. Il sait maintenant qu'il y a dans sa chambre d'autres êtres que les vivants qui y étaient à ses côtés, et parmi ceux-là, qui lui semblent aussi substantiels que ceux-ci, des figures familières lui apparaissent ; il sent les étreintes et les baisers de ceux qu'il a aimés et perdus. Alors, en leur compagnie, avec leur aide, et guidé par ces êtres radieux qui l'attendaient, il s'envole, à sa grande surprise, malgré tous les obstacles matériels, et s'élance vers sa nouvelle vie.

Ceci est un exposé très catégorique et répété avec une telle persistance, que celle-ci engage à la croyance. Cette théorie s'écarte déjà insensiblement de l'ancienne théologie. L'Esprit n'est pas un ange glorieux ou un réprouvé, c'est l'individu lui-même, avec tout ce qu'il comporte de force et de faiblesse, de sagesse et de folie, exactement comme il a conservé son apparence mortelle. Après une épreuve aussi prodigieuse, il ne serait pas étonnant que les plus frivoles et les plus insensés fussent transformés ;

mais une telle impression s'émoussera vite, l'ancien naturel se réaffirmera dans le nouveau milieu, et les esprits frivoles survivront encore, ainsi que certains résultats de nos séances peuvent l'attester. Ensuite, avant d'entrer dans sa nouvelle vie, l'Esprit passe par une période d'inconscience qui varie dans son étendue, parfois si minime qu'elle existe à peine, d'autres fois pouvant être de quelques semaines ou mois. Raymond avoua que la sienne dura six jours ; dans un cas qui me fut personnellement révélé, le fait me fut confirmé ; M. Myers, d'autre part, raconte qu'il resta un certain temps dans un état d'insensibilité. J'imagine que la durée doit être en proportion de la somme de trouble ou de préoccupation mentale de cette vie ; un repos prolongé sera le meilleur moyen d'en effacer les traces ; un petit enfant n'en aurait probablement aucun besoin. Ce dernier argument est une pure supposition ; mais il y a un nombre considérable de témoignages, quant à une période d'oubli succédant à la toute première impression de l'Au-delà et précédant la nouvelle existence.

Lorsque l'esprit s'éveille de son sommeil, il est faible comme l'enfant qui vient de naître. Bientôt cependant, la force revient et la nouvelle vie commence. Ceci nous amène à la considération du ciel et de l'enfer. L'idée de l'enfer, puis-je dire, s'est évanouie en entier, comme elle a depuis longtemps disparu des pensées de tout individu raisonnable. Cette odieuse conception, si blasphématoire pour le Créateur, est née de l'exagération de la phraséologie orientale, et peut avoir été de circonstance à une époque primitive, quand les hommes étaient effrayés par le feu, comme les bêtes sauvages sont effrayées par les voyageurs. L'enfer, en tant que création permanente, n'existe pas. Cependant le concept de la punition, d'une expiation, du purgatoire en un mot, est confirmé par les récits de l'autre monde. Sans une telle conséquence, il n'y aurait pas de justice dans l'univers, car il serait impossible d'imaginer que le sort d'un Raspoutine serait le même que celui d'un Père Damien. Le châtiment est certain et très sérieux ; sous sa forme la moins sévère, il consiste dans la relégation des âmes plus viles dans des sphères inférieures ; ces âmes n'ignorent point que ce sont leurs mauvaises actions qui en sont cause, mais elles ont l'espoir que l'expiation et l'aide de ceux qui sont au-dessus d'elles les instruiront et les mettront au même niveau que les autres. Les esprits les plus élevés se dévouent à cette œuvre de salut. Miss Julia Ames, dans son magnifique ouvrage posthume, prononce ces mémorables paroles : « La plus grande joie du ciel est de faire le vide dans l'enfer. »

Abandonnons ces sphères d'épreuve, qui devraient plutôt être considérées comme un hôpital pour les âmes faibles, que comme une communauté pénitentiaire, et revenons aux récits de l'autre monde. Ils sont tous unanimes à décrire, sous un jour très séduisant, les conditions de vie de l'Au-delà, disant que les esprits se groupent selon leurs sympathies, que ceux qui s'aiment (ou ont des intérêts communs) se réunissent, que leur vie est très attrayante et remplie d'occupations, et qu'aucun d'eux ne voudrait revenir sur cette terre. Voici sûrement des nouvelles de grande joie, et je répète que ce n'est pas une vague question de foi ou d'espérance, car ces nouvelles sont confirmées par toutes les lois de l'évidence. En effet, si plusieurs témoins, sans rapport les uns avec les autres, font un récit similaire des mêmes faits, ce récit doit être tenu pour véridique. Si le récit en question nous parlait d'âmes glorieuses, dépouillées en un instant de toutes les faiblesses humaines, d'âmes dans une extase constante d'adoration autour du trône du Tout-Puissant, on pourrait le suspecter de n'être qu'un reflet de cette théologie populaire que tous les médiums ont connue dans leur jeunesse. Or, les relations qui nous viennent de l'Au-delà diffèrent de toutes les doctrines préexistantes ; elles sont en outre renforcées, comme je l'ai déjà fait remarquer, par la persistance de leur teneur, et aussi par le fait qu'elles sont le produit ultime d'une longue série de phénomènes qui, tous, ont été reconnus exacts par ceux qui les ont méticuleusement examinés.

On peut objecter que la foi nous avait déjà donné l'assurance de l'immortalité de l'âme. Cependant, la foi si belle chez un individu a toujours été, lorsqu'elle est pratiquée collectivement, un argument à double tranchant ; cet argument serait sans réplique s'il n'y avait qu'une foi, et si les intuitions du genre humain étaient constantes. Avoir la foi, c'est proclamer sa croyance absolue en une chose impossible à démontrer. Un individu déclare : «Ma foi est ceci» ; un autre : «Ma foi est cela.» Ni l'un ni l'autre n'ont de preuves de ce qu'ils affirment et cependant ils en discutent toujours, soit mentalement, soit pratiquement. Si l'un est plus fort que l'autre, il est disposé à persécuter son adversaire jusqu'à ce qu'il le convertisse à la vraie foi. Parce que Philippe II ne concevait pas de foi autre que la sienne, il immola logiquement cent mille Maures dans l'espoir que leurs compatriotes confesseraient la Vérité suprême. De nos jours, comme il a été reconnu que ce n'était pas une façon de proclamer ce que l'on ne pouvait prouver, nous en fûmes réduits à observer les faits, à en raisonner et à arriver ainsi à une entente mutuelle. C'est pourquoi le mouvement psychique a une valeur indiscutable ; ses fondements reposent sur quelque chose de plus solide que des textes, ou des traditions, ou des intuitions. C'est la religion, à un double point de vue, de deux mondes, sous sa forme la plus nouvelle, au lieu de ne résumer que les vieilles croyances d'un seul. Nous ne savons pas assez de choses de la vie future, pour la décrire de façon aussi précise que, par exemple, un parterre à la française, si parfaitement rectiligne qu'on peut en embrasser la surface d'un seul coup d'œil. Il est probable que les messagers qui nous visitent sont tous, plus ou moins, en état de progression et représentent la même vague de vie que la marée qui s'éloigne de nos plages. Les communications proviennent habituellement d'esprits morts depuis peu, et tendant à s'affaiblir, comme cela se conçoit. Il est instructif, à ce propos, de rappeler que, d'après la tradition, les apparitions du Christ à ses disciples ou à Paul se produisirent peu d'années après sa mort et que les premiers chrétiens ne prétendent nullement l'avoir vu plus tard.

Les cas, donnant toutes preuves d'authenticité, où des esprits morts depuis longtemps se mirent en contact avec nous, ne sont pas nombreux. Il y en a un très intéressant dans la vie de M. Dawson Roger ; c'est celui d'un esprit qui prétendit se nommer Manton, être né à Lawrence Lydiard, puis avoir été enterré à Stoke Newington en 1677. Il fut clairement démontré depuis, qu'un homme de ce nom vécut et fut chapelain d'Olivier Cromwell. Autant que mes lectures me permettent de le constater, c'est le plus ancien esprit dont on ait signalé le retour ; ainsi que je l'ai déjà dit, ceux qui reviennent sont généralement morts depuis moins longtemps. Il résulte de là que ce que nous avons obtenu ne date que d'une génération, ou à peu près, et n'a pas une valeur d'ensemble, mais seulement partielle. Les esprits voient les choses sous un jour différent, suivant leur progression dans l'autre monde ; cela ressort des confidences de Miss Julia Ames. Accueillie au seuil de l'autre monde par de nouveaux arrivants comme elle, elle fut d'abord frappée par la nécessité d'instituer un bureau de communications, mais quinze ans plus tard, elle reconnut qu'en général pas un esprit sur un million ne désirait correspondre avec les vivants, depuis que leurs amis les avaient rejoints.

Sans doute, tous ces récits ne sont que fragmentaires ; cependant tels qu'ils sont, ils sont très substantiels et extraordinairement intéressants, puisque référant à notre destinée. Tous les esprits sont d'accord pour déclarer que la vie, dans l'autre monde, est de courte durée, et qu'ils traverseront successivement plusieurs phases d'évolution, entre lesquelles il y a apparemment plus de lien qu'entre nous et l'Au-delà. Les esprits inférieurs ne peuvent s'élever, mais le contraire est possible. La vie future présente d'étroits rapprochements avec celle de ce monde ; elle est cependant bien davantage une vie spirituelle que corporelle, d'où sont bannies les préoccupations matérielles de nourriture, argent, sensualité, souffrances, etc., tandis que les arts, la musique, tout ce qui est du domaine intellectuel et scientifique y est cultivé. Les êtres sont habillés, comme on peut le supposer, car il n'y a aucune raison de renoncer à la décence sous de nouvelles apparences ; celles-ci sont d'ailleurs la reproduction des formes humaines perfectionnées, les jeunes gens arrivant à maturité et les vieillards recouvrant la jeunesse. La vie est organisée par communautés, d'après les attractions mutuelles des uns et des autres, l'esprit masculin trouvant sa véritable compagne quoiqu'il n'y ait pas de sexualité au sens vulgaire du mot et, par conséquent, pas d'enfantement. Les relations demeurant toujours les mêmes, ceux qui sont arrivés à un certain degré de développement s'y maintiennent ; on peut donc supposer que les nations sont toujours aussi rigoureusement divisées, ce qui n'est pas la conséquence de la diversité des langages, la pensée étant le seul moyen d'être en contact. L'étroitesse des rapports entre des âmes qui sympathisèrent est démontrée par la façon dont Myers, Gurney et Roden Noel, tous amis et collaborateurs sur cette terre, communiquèrent avec Mrs. Holland, à qui ils étaient parfaitement étrangers et, cependant, chaque message était bien caractéristique pour ceux qui connurent ces esprits de leur vivant. Cette étroitesse de relation est également affirmée par le cas des professeurs Verrall et Butcher, deux savants grecs, qui édifièrent ensemble ce qu'ils appellent *le problème grec* ; M. Gerald Balfour, analysant leur travail dans *The Ear of Dionysius*, conclut, avec toute l'autorité dont il jouit, qu'un tel résultat ne pouvait être obtenu que par eux, Verrall et Butcher, et personne autre. On doit remarquer, en passant, que ces divers exemples montrent clairement, ou que les esprits ont à leur disposition de nombreuses archives, ou que leurs facultés sont développées au point de les rendre omniscients. Aucun humain ne serait capable de faire autant de citations exactes, que les esprits dont les communications sont reproduites dans *The Ear of Dionysius*. Voici, grossièrement esquissée, la vie de l'Au-delà dans ses plus simples manifestations, car tout n'y est pas simple et nous avons de faibles lueurs quant à des cercles inférieurs infinis, descendant dans les ténèbres, et à des cercles supérieurs infinis montant dans la gloire, tous progressifs, essentiels et intensément vivaces. Selon nos renseignements, aucune religion terrestre n'a de prépondérance sur une autre, tandis que les qualités individuelles et la perfectibilité y jouissent de grands avantages. Il y a aussi concordance dans les louanges décernées aux religions inculquant la prière, l'élévation des cours et le mépris des choses terrestres. A ce point de vue, et non à un autre – comme secours spirituels – il est certain que toute forme de religion est d'une utilité indéniable. Si faire tourner un cylindre de cuivre oblige le Thibétain à admettre qu'il y a quelque chose au-dessus de ses montagnes et de plus précieux que ses buffles, cela n'est pas moins excellent. Nous ne devons pas être très sévères dans nos jugements sur de tels sujets.

Il y a une autre question digne d'être examinée ici, car elle est très surprenante et par là même s'impose à notre attention. C'est la constante affirmation de l'Au-delà que les nouveaux venus ne savent pas qu'ils sont morts et qu'un certain temps parfois assez long s'écoulera avant qu'ils s'en rendent compte. Tous conviennent que cet état de perplexité est nuisible et retarde leur progression ; une certaine connaissance de cette vérité primordiale, dès ce bas monde, serait la seule façon d'obvier aux effets de cette période d'angoisse dans l'autre. Il n'est pas étonnant que les esprits regardent leurs nouvelles sensations comme un rêve étrange, en constatant combien ce qui les environne diffère des enseignements religieux ou scientifiques qui leur furent prodigués ; plus leurs opinions furent rigidement orthodoxes, plus il leur est difficile de s'adapter à leur nouveau milieu, avec tout ce qu'il implique.

Pour cette raison, et quelques autres encore, cette Nouvelle Révélation est une chose très nécessaire à l'humanité. Un point de moindre importance pratique est de persuader aux gens âgés qu'il est encore temps de perfectionner leurs facultés intellectuelles, car s'ils n'ont pas le temps d'user leurs fraîches connaissances en ce monde, celles-ci demeureront partie intégrante de leur bagage mental dans l'autre.

Quant aux plus infimes détails de la vie future, il est préférable sans doute de les négliger, pour la très bonne raison que ce sont d'infimes détails ; nous les connaîtrons par nous-mêmes bientôt, et ce ne serait que par vaine curiosité que nous interrogerions à leur sujet. Une chose est claire : il y a dans l'Au-delà des esprits plus élevés, pour lesquels la chimie synthétique – celle qui, non seulement produit la substance, mais aussi la façonne pour en faire des objets – est d'une pratique très courante. Nous les avons vus agir par l'intermédiaire des plus vulgaires médiums, de façon perceptible pour nos sens humains, dans certaines de nos séances. S'ils peuvent exécuter des simulacres dans notre atmosphère terrestre, au cours de nos séances, à plus forte raison pouvons-nous admettre que cette même opération leur sera aussi facile dans cet éther qui est leur propre milieu. On peut dire, de façon générale, qu'il leur est possible de reproduire quelque chose d'analogue à tout ce qui existe sur terre. Comment ils y arrivent peut bien être une matière de divination ou de spéculation pour les esprits moins avancés, comme le sont pour nous les phénomènes de la science moderne. Si l'un de nous était soudain sommé par un habitant d'un monde surhumain de lui expliquer exactement ce que c'est que le centre de gravité, ou encore le magnétisme, comme il serait embarrassé! Mettons-nous donc alors dans la position d'un jeune ingénieur, tel que Raymond Lodge, qui tenta de reconstituer théoriquement ce qui se passe dans l'autre monde; sa théorie peut très bien être contredite par quelque autre esprit, essayant lui aussi de deviner les phénomènes de l'Au-delà. Il peut avoir raison comme il peut avoir tort; mais il s'efforce de son mieux de dire ce qu'il pense, comme nous ferions en semblable circonstance. Il croit donc que les chimistes en question peuvent tout produire, même des choses matérielles comme l'alcool et le tabac que pourraient réclamer des esprits non régénérés. Ceci a si fort diverti les critiques, que l'on croirait, en lisant leurs commentaires, que ce livre de quatre cents pages d'impression serrée ne contient que cette unique déclaration. Raymond a pu se tromper ou non; la seule chose que ceci me démontre, c'est le courage intrépide et l'honnêteté du chroniqueur, qui savait quelle arme il allait fournir à ses ennemis.

Beaucoup de gens protestent que le nouveau monde, tel qu'il nous est décrit, est beaucoup trop matériel pour eux; ce n'est pas ainsi qu'ils le désirent. Soit! Il y a beaucoup de choses en ce monde qui ne s'accordent pas avec nos désirs et n'en existent pas moins. Quand nous venons à examiner cette accusation de matérialisme et que nous essayons de construire quelque système qui satisferait les idéalistes, la tâche devient bien difficile. Devons-nous être de simples formes éthérées, flottant dans les airs? Cela semblerait le principe. Toutefois, si les esprits dépouillaient dans la vie future leur corps mortel, leur individualité terrestre, alors ce serait donc que nous nous éteindrions? Quelle serait l'impression d'une mère à qui apparaîtrait un être si impersonnel et si glorieux? Elle dirait: «Cela n'est pas le fils que j'ai perdu, je veux ses cheveux d'or, son vivant sourire et ses attitudes qui me sont si familières. » C'est cela qu'elle veut, ce qu'elle retrouvera, je crois ; mais point par un système nous retranchant tout ce qui nous restait de matière et nous enlevant dans une vague région vaporeuse.

Par contre, une autre école de critiques objectent que, dans la vie future ainsi décrite, les sensations sont trop âpres, les émotions trop fortes, l'ambiance trop consistante, surtout si l'on considère que les unes et les autres sont faites d'éléments diaphanes par excellence. Rappelons-nous que tout est une question de comparaison.

Supposons un monde mille fois plus dense, plus lourd, plus terne que le nôtre, nous pouvons admettre qu'il semblerait à ses habitants comme celui-ci nous paraît à nous-mêmes, puisque sa force et sa contexture seraient en proportion. Si, cependant, ces individus étaient en contact avec nous, ils nous regarderaient comme des êtres extraordinairement aériens, vivant dans une atmosphère étrangement lumineuse et spirituelle. Ils ne se rendraient pas compte que nous aussi, étant parfaitement adaptés à ce qui nous environne, nous sentons et agissons selon les mêmes lois qu'eux.

Si nous revenons maintenant à l'Au-delà qui nous domine autant que nous dominerions le monde imaginaire dont je viens de parler, il nous semble aussi que ces esprits – comme nous les appelons – vivent comme des fantômes dans une atmosphère de vapeur. Nous oublions que là, tout est de même proportionné et en harmonie, de sorte que la région où se meuvent et où habitent les esprits, qui nous semble du domaine du rêve, est aussi réelle pour eux que notre planète l'est pour nous, et que le corps astral est aussi tangible pour un autre esprit que nos corps terrestres le sont pour nos amis.

Chapitre IV

Problèmes et Délimitations

Je renonce momentanément à prouver plus amplement le fait même de cette Révélation et son incontestable véracité, car quelques détails qui ont, chemin faisant, attiré mon attention, méritent d'être examinés. La sphère où gravitent nos morts semble très près de nous – si près que nous nous y transportons continuellement, comme nos trépassés nous l'apprennent, pendant notre sommeil. Beaucoup de la tranquille résignation que nous remarquons chez des personnes ayant perdu un être cher (des personnes pour la raison desquelles nous avions des craintes après une telle perte), provient de ce qu'elles ont revu leur bien-aimé ; et quoique l'oubli soit complet et que ces personnes soient incapables de se souvenir de quoi que ce soit des expériences spirites survenues durant leur sommeil, un adoucissement à leur peine leur a cependant été apporté par leur subconscient. L'oubli est, comme je le dis, complet ; mais parfois, pour un motif quelconque, il est suspendu pendant l'espace d'une seconde, et c'est alors que le dormeur s'éveille de son rêve, encore environné «de nuages de gloire». Cette conscience momentanée donne l'explication des rêves prophétiques qui, pour la plupart, se réalisèrent.

J'ai eu personnellement, il y a quelque temps, une expérience de ce genre ; je la considère assez remarquable pour la divulguer. Le 4 avril 1917, je m'éveillai avec la sensation que quelque communication m'avait été faite ; je ne me souvenais que d'un seul mot, qui résonnait constamment à mes oreilles – ce mot était *Piave* – mot qui, d'après mes souvenirs, m'était absolument inconnu. Soupçonnant qu'il désignait un pays quelconque, mon premier soin fut de consulter l'index d'un atlas ; je constatai qu'il y avait, en Italie, une rivière de ce nom, à quelque quarante milles derrière le front des opérations italiennes, lesquelles, à cette époque, se poursuivaient victorieusement. Je ne pouvais concevoir chose plus invraisemblable que le recul du front italien jusqu'à la Piave, et ne m'imaginais pas davantage quel événement militaire pourrait se produire à un tel endroit. Néanmoins, je fus si impressionné que je pris note de mon rêve et, voulant lui donner la valeur d'un document, je le fis signer, après l'avoir daté, par deux témoins, ma femme et mon secrétaire. Or, fait historique, six mois plus tard, toute la ligne italienne fut brisée, et après s'être reportée sur plusieurs positions successives, elle s'arrêta sur ce cours d'eau, qui était décrit par tous les critiques militaires comme un point stratégique de la plus haute importance. Au moment où je trace ces lignes – 20 février 1918 – la référence à ce nom s'est pleinement justifiée, et je présume que c'est quelque ami de l'Au-delà qui me donnait un avertissement d'événements à venir.

Bien des gens, invoquant le grotesque, la monstruosité, l'inconvenance de nos rêves et, partant, leur impossibilité d'avoir une source élevée, s'indignent contre la théorie d'après laquelle nous serions, grâce à eux, en contact avec les esprits de nos trépassés. Sur ce point, j'ai une façon de voir qui mérite peut-être d'être discutée. Je considère qu'il n'y a que deux sortes de rêves, et pas davantage : ceux qui résultent des expériences des esprits assoupis et les manifestations confuses des plus basses facultés de notre corps, quand l'esprit est absent. Les rêves de la première catégorie sont rares et sublimes, mais la mémoire nous manque pour en garder le souvenir ; ceux de la seconde sont ordinaires et variés, souvent fantastiques et grossiers. En tenant compte de ce qui manque à nos rêves ordinaires, on peut reconstituer celles de nos facultés qui y sont étrangères, et par conséquent quelle partie de nous-mêmes visite le monde des esprits. Nous constatons ainsi que la gaieté est bannie de nos rêves, puisque nous voyons des choses qui nous frappent plus tard par leur ridicule et qui, sur le moment, ne nous amusèrent point ; le sens de la proportion, du jugement et des aspirations élevées est également absent – en fait tout ce qui est noble ; tandis que ce qui est bas, la peur, les impressions sensuelles, l'instinct de la conservation fonctionnent de façon d'autant plus vivace que rien ne les contrôle plus.

La délimitation des pouvoirs des esprits est un sujet qui s'impose dans cette étude. On dit souvent : «Si les esprits existent, pourquoi ne font-ils pas ceci ou cela ? Il convient de répondre, sans mettre en doute la question de leur existence, qu'ils ne le peuvent pas. Ils semblent avoir des pouvoirs aussi restreints que nous-mêmes, ce qui ressort très clairement d'expériences de correspondance contradictoire qui furent tentées par des médiums écrivains, opérant isolément et indépendamment les uns des autres, et qui obtinrent des résultats si parfaitement concordants, qu'on ne peut supposer que ce fût simple coïncidence. Les esprits paraissent connaître exactement ce qu'ils inspirent aux vivants, tout en ignorant jusqu'à quel point ceux-ci reçoivent leurs instructions. Leur contact avec nous est intermittent; ainsi, dans les expériences de correspondance contradictoire, ils font continuellement cette question: «Avez-vous reçu cela?» ou «Était-ce bien?» Quelquefois, ils ont une connaissance partielle de ce qui est fait, ainsi que le dit Myers: «Je voyais le cercle, mais n'étais pas très sûr du triangle.» Il est d'ailleurs démontré que les esprits, même les esprits de ceux qui, comme Myers et Hodgson, furent en contact étroit avec les sujets psychiques et n'ignoraient aucun des phénomènes qui nous sont si familiers, éprouvaient des difficultés quand ils voulaient prendre connaissance de choses matérielles, telles qu'un document écrit. Ils n'auraient pu y arriver, j'imagine, que par une matérialisation partielle d'eux-mêmes et ils ne possèdent pas ce pouvoir. Ceci jette quelque lumière sur le fameux cas, si souvent cité par nos contradicteurs, lorsque Myers ne put arriver à lire quelques mots, ou une phrase, enfermés dans une boîte cachetée; il est probable qu'il ne pouvait voir le document de la position qu'il occupait et que, si la mémoire lui eût manqué, il aurait été sans doute mis en défaut sur ce point.

Beaucoup de méprises peuvent, je pense, être expliquées de cette manière. Il a été certifié d'un autre côté, et cette assertion me paraît raisonnable, que lorsqu'ils parlent de ce qui leur est particulier, les esprits parlent en connaissance de cause et peuvent discuter promptement et sûrement. Cependant, quand nous insistons (comme nous devons quelquefois le faire) à propos de témoignages terrestres, cela les ramène à un ordre de choses qui les place dans une situation plus difficile et sujette à l'erreur.

Un autre argument, que l'on pourrait nous opposer, est celui-ci: les esprits ont la plus grande difficulté à dire des noms, et c'est cela qui rend beaucoup de leurs communications si vagues et si peu satisfaisantes. Ils tourneront autour d'une chose et ne diront pas le mot qui trancherait la question. Un exemple de ceci est donné dans une récente communication, reproduite dans la revue *Light*. On y relate comment un jeune officier, mort récemment, essaya d'envoyer un message à son père, au moyen de la méthode par voie directe de Mrs. Susannah Harris; il fut incapable de dire son nom, indiquant seulement que son père était membre du Kildare Street Club, à Dublin. Une enquête permit de découvrir le père, et l'on apprit par lui qu'il avait déjà reçu un message à Dublin, lui annonçant que des recherches le concernant étaient faites à Londres. Je ne puis dire si le nom terrestre est une chose éphémère, n'ayant plus de connexion avec la personnalité, et si cela n'est pas la première chose qui doive être abandonnée ; cela est possible, ou peut-être y a-t-il quelque loi qui règle nos rapports avec l'Au-delà, empêche que nos relations ne soient trop formelles et laisse quelque chose à faire à notre propre intelligence.

Cette idée d'une loi, d'après laquelle la conversation indirecte est la plus facile, ressort nettement des résultats de la correspondance contradictoire, car on remarque que les circonlocutions y remplacent les affirmations. C'est ainsi qu'à propos de la correspondance de saint Paul, dont il est question dans un bulletin de la Psychical Research Society, on constate que la pensée de saint Paul, d'abord transmise à un médium écrivant automatiquement, fut envoyée par lui à deux autres confrères, qui étaient à une grande distance l'un de l'autre. Le docteur Hodgson fut le spirite chargé de présider à cette expérience. Vous eussiez pensé que les simples mots de «Saint Paul», apparaissant dans les messages, eussent suffi à indiquer leur provenance ; mais non, l'esprit procéda en faisant toutes sortes d'allusions indirectes, ne prononça point le nom de l'apôtre dans ses différents récits, mais fit cinq citations de son œuvre. Cet exemple est incontestablement étranger à toute coïncidence et parfaitement convaincant ; il illustre les singuliers procédés des esprits, montrant que ceux-ci, au lieu d'aller droit au but, préfèrent user de détours. On ne peut guère expliquer cette limitation de pouvoir qu'en supposant que, de l'Au-delà, quelque ange, infiniment prudent, conseillerait ainsi les esprits : «Ne leur rendez pas les choses trop faciles, donnez-leur l'occasion de faire travailler leur intelligence. Si vous leur aplanissez toutes les difficultés, ils deviendront de simples automates.

Quelle que soit la valeur de cette explication, le fait en question est réellement digne d'attirer l'attention.

Il faut aussi souligner, à propos des communications que nous avons avec les esprits, l'incertitude où ils sont de l'époque à laquelle les événements doivent arriver ; à ce sujet, ils se trompent presque invariablement. L'idée du temps sur la terre est probablement différente de celle de l'Au-delà, c'est ce qui expliquerait la confusion. Ainsi que je l'ai déjà dit, nous avons l'avantage d'avoir auprès de nous une dame, qui est douée de la faculté d'écrire automatiquement ; elle est en communication étroite avec trois de ses frères, tués à la guerre. Cette personne, quand elle reçoit des messages de ses frères, ne se trompe généralement pas pour les faits, mais est presque toujours dans l'erreur à propos des dates. En une circonstance, digne de remarque, elle fit exception à ses habitudes ; ses prophéties sur les événements publics étaient généralement en retard de plusieurs semaines et même de plusieurs mois ; or, dans un cas, elle annonça très exactement l'arrivée d'un télégramme d'Afrique. Le télégramme avait, en effet, été envoyé, mais fut retardé en route ; ce qui semblerait prouver qu'elle peut prédire les événements en cours et calculer le temps qu'ils mettront pour arriver à leur terme. D'un autre côté, je dois convenir qu'elle nous révéla confidentiellement la fuite de son quatrième frère, prisonnier en Allemagne, et que l'événement se réalisa. En tout cas, je fais des réserves quant au pouvoir limité des dons prophétiques.

En dehors de toutes ces limitations, nous avons en outre, malheureusement, à garder un absolu sang-froid à l'égard des intelligences mauvaises et malintentionnées. Toutes les personnes qui se sont occupées de spiritisme pourraient citer de nombreux exemples de cruelles déceptions ; et pourtant, ces expériences ont pu quand même contenir parfois de bons et réels messages. Ce fut sans doute à cause de semblables communications que l'Apôtre écrivait: «O mes frères ! ne croyez pas en tous les esprits, mais tâchez de découvrir s'ils viennent de Dieu.»

Ces paroles dénotent que non seulement les premiers chrétiens pratiquaient le spiritisme tel que nous le comprenons, mais encore qu'ils se trouvaient en face des mêmes difficultés que nous. Il n'y a rien de plus embarrassant que de recevoir un message long et détaillé, dont les diverses fractions sont en rapport les unes avec les autres, puis de découvrir que le tout n'est qu'une entière machination. Cependant, nous ne devons pas perdre de vue que la somme des expériences véridiques l'emporte sur les mystifications ; de même qu'en recevant un télégramme correct, on ne peut douter de l'existence de la ligne télégraphique et de l'appareil de transmission, quoique l'une et l'autre puissent se briser par la suite. Il faut cependant admettre que c'est certainement très décevant et que cela nous rend sceptiques, tant que la preuve des messages n'a pas été établie. Ils sont certainement proches parents de ces esprits mystificateurs, tous ces Miltons incapables de versifier, ces Shelleys de rimer, ces Shakespeares de penser ; et tant d'autres personnifications absurdes qui ridiculisent notre cause. Il y a certainement, à mon avis, fraudes du côté de notre monde comme de l'autre ; mais disqualifier pour cela la chose elle-même serait aussi ridicule que de disqualifier l'univers parce qu'on y rencontre des personnes antipathiques.

Je puis affirmer que, malgré la fausseté de certains messages, je n'ai jamais entendu parler d'aucuns, depuis que je m'intéresse à ce sujet, qui fussent blasphématoires, malveillants ou obscènes.

De tels incidents doivent être d'une nature tout à fait exceptionnelle. Je pense aussi que les allégations au sujet de la folie, de l'obsession des médiums, etc., sont entièrement dénuées de fondement. Les statistiques des asiles d'aliénés contredisent de telles affirmations et les médiums atteignent à une moyenne de longévité comparable à celle des autres individus. Je crois cependant qu'il ne faut user des séances qu'avec modération. Quand vous êtes convaincu de la vérité du phénomène, les séances ont produit leur effet ; celui qui passe sa vie à courir d'une séance à une autre est en danger de devenir simplement un monomane. Dans ce culte comme dans les autres, la forme est susceptible d'éclipser la réalité, et en poussant trop loin la recherche des preuves physiques, on risque d'oublier que le but de ces expériences est, ainsi que j'ai essayé de l'établir, de nous donner l'assurance d'une vie future et une force spirituelle dans le présent, pour arriver à comprendre la vraie perception de la nature passagère de la matière et l'importance suprême de ce qui est immatériel.

Donc la conclusion de mes longues investigations est, qu'en dépit des fraudes occasionnelles que déplorent les adeptes du spiritisme, et malgré le dérèglement des imaginations qu'ils découragent, il reste dans ce mouvement un noyau de preuves infiniment plus près de la vérité que dans n'importe quel autre système religieux que je connaisse. Comme je l'ai démontré, ce système est moins une découverte qu'une résurrection ; résultat qui, à notre époque de matérialisme, est le même. Nous ne sommes plus au temps où les opinions mûries et réfléchies d'hommes tels que Crookes, Wallace, Flammarion, Ch. Richet, Lodge, Barrett, Lombroso, les généraux Drayson et Turner, le sergent Ballantyne, W. T. Stead, le juge Edmunds, l'amiral Usborne Moore, feu l'Archdeacon Wilberforce, et toute une nuée d'autres témoins, où, dis je, de semblables opinions peuvent être qualifiées de «galimatias» ou de «fastidieux bavardages». M. Arthur Hill se rencontre avec moi pour dire que nous avons atteint le point où d'autres témoignages sont superflus et où tout le poids des dénégations retombe sur les incrédules. Ceux mêmes qui réclament des preuves n'ont, comme à l'ordinaire, jamais pris la peine d'examiner celles si nombreuses qui existent déjà. Chacun semble croire que le sujet entier doit être repris *de novo* parce qu'il demande des informations. La méthode de nos contradicteurs est de s'en prendre à la personne du dernier qui a posé la question, c'est en ce moment Sir Oliver Lodge, et d'agir avec lui comme s'il avait eu la prétention d'émettre de nouvelles opinions, ne reposant que sur ses propres assertions, sans tenir compte des preuves accumulées par les nombreux investigateurs qui l'ont précédé. Cela n'est pas une méthode honnête de critique, car, dans n'importe quelle question, la conviction résulte de la concordance des témoignages.

Il est de fait que plusieurs expériences suffiraient à elles seules à trancher la question. Nous pourrions, par exemple, pour l'étude des forces physiques, nous contenter des recherches du docteur Crawford, de Belfast ; ce docteur ayant placé un médium amateur sur une bascule, de façon que ses pieds fussent isolés du sol, constata, au cours de la production des phénomènes, une différence de poids de plusieurs livres ; résultat qu'il a démontré et expliqué, dans une revue scientifique spirite digne de foi. Je ne vois pas comment ceci peut être contredit. Le phénomène est et a été fermement prouvé pour tous les esprits non prévenus. Le temps des investigations est passé, celui de la réalisation a sonné depuis longtemps.

Car, nous suffira-t-il de les observer, ces phénomènes, sans nous préoccuper de leur signification, comme un groupe de sauvages contempleraient une installation télégraphique, sans apprécier les messages qu'elle transmet ? ou sommes-nous résolus à reconnaître la valeur de ces subtiles et énigmatiques communications de l'Au-delà, et à poser les bases d'une religion, fondée à la fois sur la raison humaine et sur l'inspiration des esprits ? Ces phénomènes, après avoir été un jeu de société, commencent à faire l'objet de discussions scientifiques ; ils servent, ou serviront, à édifier un système philosophique religieux bien déterminé, tenant d'une part aux anciennes traditions, tout en étant, d'autre part, absolument nouveau. Les preuves sur lesquelles repose ce système sont si nombreuses qu'il faudrait une bibliothèque entière pour les contenir ; les témoins à qui nous les devons ne vivent pas dans l'ombre, dans un passé obscur et inaccessible à notre contrôle, mais sont nos contemporains, des hommes d'une intelligence et d'un caractère unanimement respectés.

La situation dans son ensemble se résume, à mon avis, à considérer les deux alternatives suivantes : ou bien supposer qu'il y a eu une épidémie de folie, s'étendant sur deux générations et deux continents et frappant des hommes et des femmes éminemment sains à tout autre point de vue ; ou admettre que depuis quelques années nous avons reçu, d'une source divine, une Nouvelle Révélation qui distance de beaucoup les plus grands événements religieux survenus depuis la mort du Christ, car la Réforme ne fut qu'une réadaptation du catholicisme, tandis que la révélation en question change entièrement et l'aspect de la mort et le sort des humains. Entre ces deux hypothèses, il n'y a pas d'hésitation possible : la théorie d'après laquelle le spiritisme n'est que fraudes et mensonges ne résiste pas devant l'évidence. Ou c'est de la folie pure, ou c'est une révolution qui nous fait regarder la mort en face, sans peur, et est pour nous une immense consolation quand ceux que nous aimions passent derrière le voile.

Je voudrais ajouter quelques conseils pratiques pour ceux qui reconnaissent la vérité de mes paroles. Nous sommes en présence d'un mouvement considérable et nouveau, le plus considérable de toute l'histoire de l'humanité. Comment allons-nous en profiter ? J'estime que l'honneur nous oblige à déclarer notre croyance, particulièrement à ceux qui souffrent. Ayant confessé notre foi, nous ne devons pas insister, mais laisser agir une sagesse plus haute et plus forte que la nôtre. Nous ne voulons détruire aucune religion ; nous souhaitons seulement combattre les esprits trop matériels, les tirer du chemin encaissé de l'erreur pour les transporter sur des sommets où ils respireront un air pur et contempleront d'autres vallées et d'autres sommets. Les religions sont en partie pétrifiées et en décadence, étouffées par les formes et étranglées par les mystères. Nous pouvons prouver qu'il n'est point besoin de cela. Tout ce qui est essentiel est à la fois simple et sûr.

Notre aide la plus précieuse vient de ceux qui ont perdu des êtres aimés et soupirent pour le rétablissement de communications entre eux et leurs absents. Cela non plus ne doit pas être exagéré. Si votre fils était en Australie, vous n'exigeriez pas de lui qu'il abandonnât continuellement ses occupations pour vous écrire de longues lettres ; on doit se contenter de courtes expériences et, les ayant obtenues, on doit attendre le moment de la réunion. Je suis actuellement en relation avec treize mères qui correspondent avec leurs fils défunts ; et les pères eux-mêmes, quoique ne participant pas aux communications, en attestent, eux aussi, la réalité. Une seule de ces familles, à ma connaissance, s'adonnait aux expériences spirites avant la guerre. Plusieurs de ces cas sont particuliers ; dans deux de ceux-ci, les enfants apparurent à leur mère en photographie. Dans un autre, un premier message fut remis à la mère par un étranger qui avait reçu son adresse ; ensuite, les communications se poursuivirent directement. Une autre fois, les messages furent expédiés en désignant des pages, ou des livres, dispersés dans plusieurs bibliothèques. Ce procédé détruit toute crainte de télépathie. On conviendra que réellement il n'y a pas de vérité plus fortement démontrée que celle-ci.

Comment devons-nous procéder ? C'est là que gît la difficulté. Il y a des hommes de bonne foi et la supercherie est facile ; aussi faut-il agir avec circonspection. Pour les médiums, on devra prendre des renseignements ; même avec les meilleurs, on peut n'enregistrer que des manifestations confuses et la déception est fréquente ; cependant, quelques-uns obtiennent des résultats immédiats, d'où je conclus qu'il ne faut pas rejeter les lois, sous prétexte de leurs apparentes contradictions. Presque toutes les femmes sont des médiums non exercés ; on devra éprouver leur pouvoir par l'écriture médianimique. Là encore, la plus grande prudence est nécessaire, à cause des déceptions que nous nous infligerions à nous-mêmes. On tentera toutes ces expériences dans un esprit de respect et de piété ; ceux qui seront sérieux ne peuvent manquer de réussir, car de l'Au-delà des efforts analogues seconderont les leurs.

Tout le monde n'est pas partisan des communications, sous le prétexte qu'elles peuvent empêcher la progression des esprits. Cela n'est nullement prouvé. Bien au contraire, les esprits déclarent être aidés et fortifiés par leurs rapports avec ceux qu'ils aiment. Je connais peu de pages plus émouvantes, dans leur éloquente simplicité, que celles dans lesquelles Raymond décrit les impressions des jeunes gens qui réclament des communications avec leurs parents et prétendent que l'ignorance et la peine où ceux-ci sont à leur sujet est un perpétuel obstacle à la réalisation de leur désir : « La pensée de la mort de vos fils vous est très pénible, vous l'acceptez, prononça-t-il ; il m'est encore plus pénible d'entendre ces jeunes gens me dire que personne ne cherche à leur parler. Cela me blesse dans tout mon être. »

Tout d'abord, il faut cultiver la littérature qui traite de ce sujet ; elle a été trop négligée, non seulement par les matérialistes, mais aussi par les croyants. Imprégnez-vous de cette grande vérité. Familiarisez-vous avec l'irréfutable évidence. Laissez de côté les phénomènes eux-mêmes ; assimilez-vous l'enseignement élevé d'ouvrages, tels que *After Death*, ou *Spirit Teachings*, de Stainton Moses. On remplirait des bibliothèques avec toutes les productions qui traitent de ce vaste sujet ; quoique de valeur inégale, celles-ci sont cependant d'un niveau au-dessus de la moyenne. Élargissez et spiritualisez vos pensées ; montrez-en les résultats par votre manière de vivre. L'oubli de soi-même est la pierre de touche du perfectionnement moral. Regardez, non comme un article de foi, mais comme un fait aussi tangible que les objets qui frappent vos regards, que nous allons vers une autre vie où tout sera bonheur, et que la seule chose qui puisse empêcher ce bonheur, ou le retarder, est la folie et l'égoïsme pendant ces quelques années passagères.

Il convient de répéter que, si cette Révélation semble destructive à ceux qui acceptent les dogmes du Christianisme avec une extrême rigidité, elle a un effet opposé sur les penseurs, si nombreux de notre temps, qui en sont arrivés à regarder la structure du Christianisme comme une énorme erreur. Il est nettement démontré que l'ancienne Révélation a beaucoup de ressemblance avec celle-ci, bien que, sous l'action combinée du temps, des hommes et du matériarialisme, elle se soit effacée, ait été mutilée ; mais les ressemblances dénotent la même organisation et la même origine. Si l'on admet le concept de la vie après la mort, des bons et des mauvais esprits, d'un bonheur relatif dépendant de notre conduite, de l'expiation par la souffrance, d'esprits protecteurs, d'esprits éducateurs, d'un pouvoir central suprême, de cercles sur cercles se rapprochant de sa présence, on constate que chacune de ces conceptions reparaît de nouveau, confirmée par de nombreux témoins. C'est seulement la prétention à l'infaillibilité et au monopole, la bigoterie et le pédantisme des théologiens, les rites institués par les hommes, qui ôtent aux idées données par Dieu leur principe vital. C'est uniquement tout cela qui a déformé la vérité.

Je ne puis mieux terminer ce petit volume qu'en citant des paroles plus éloquentes que je n'aurais su en écrire, dont la pensée est aussi élevée que l'expression ; elles sont du grand penseur et poète, M. Gerald Massey et datent de plusieurs années : «Le spiritisme a été pour moi, comme pour beaucoup d'autres, l'élargissement même de mon horizon mental et la pénétration du Ciel, la transformation de la Foi en faits réels ; sans lui, la vie ne peut être mieux comparée qu'à une traversée faite à fond de cale d'un bateau aux écoutilles fermées, où le voyageur ne connaîtrait d'autre clarté que celle d'une bougie et auquel on permettrait tout à coup, par une splendide nuit étoilée, d'aller sur le pont et de contempler pour la première fois le prodigieux spectacle du firmament, tout flamboyant de la gloire de Dieu.»

ANNEXES

I

LA VIE DE L'AU-DELÀ

J'ai signalé dans le texte de cet ouvrage la concordance frappante des différents récits, venus des sources les plus variées et les plus indépendantes, qui nous dépeignent la phase d'existence à venir – concordance qui parfois s'étend même jusqu'aux plus petits détails. Quelque variété est apportée à ces récits, lorsque la vision est plus complète et permet d'embrasser une plus vaste surface ; mais toutes les descriptions de cette bienheureuse contrée, à laquelle les mortels aspirent, sont très précises. Depuis que j'ai écrit cet « essai », trois nouvelles relations sont venues à ma connaissance et confirment mes dires : l'une d'elles est donnée par *A King's counsel* dans son livre récent : *I heard a Voice*, que je recommande aux chercheurs, bien que son auteur ait un penchant prononcé pour le catholicisme, ce qui montre combien nous avons de peine à nous défaire de notre première façon de penser. La seconde de ces relations, intitulée *The Light on the Future*, est une réunion de messages des plus intéressants sur l'Au-delà, recueillis par un cercle de Dublin aussi sérieux que réputé. La troisième est contenue dans une lettre particulière que m'adressa M. Hubert Wales et est, je pense, la plus instructive.

M. Wales est un investigateur consciencieux et plutôt sceptique, qui a rejeté ses résultats avec incrédulité – il les avait obtenus personnellement par écriture automatique. Ayant pris connaissance de mon étude sur les descriptions de l'Au-delà, il rechercha ses anciens écrits auxquels il avait accordé d'abord si peu d'importance. Voici la teneur de sa lettre :

« Après avoir lu votre article, je fus frappé, presque saisi, par le fait que les communications qui m'étaient parvenues, dans le but de me dépeindre notre sort après la mort, coïncidaient presque dans tous les points avec celles que vous publiez dans votre collationnement de documents, puisés à de si nombreuses sources. Je ne crois pas avoir rien trouvé dans mes précédentes lectures capable d'expliquer, une telle conformité ; je n'avais non plus rien lu de ce que vous avez écrit sur ce sujet, et enfin j'avais à dessein évité de lire *Raymond* et autres productions de ce genre, pour ne pas influencer mes propres résultats ; les *Proceedings de la Psychical Research Society* ne traitent point, comme vous le savez, des circonstances qui suivent la mort. Quoi qu'il en soit, j'obtins à différentes époques des déclarations (comme le montrent mes notes rédigées au moment même) qui établissent que, dans cette nouvelle période d'existence, les esprits ont des corps qui, bien qu'imperceptibles à nos sens, sont aussi tangibles pour eux que les nôtres le sont pour nous ; que ces corps possèdent les caractéristiques générales de nos corps mortels, mais perfectionnés ; que les esprits n'ont pas d'âge, ne souffrent pas ; qu'il n'y a ni riches ni pauvres ; ils portent des vêtements et prennent des aliments ; ils ne dorment point, quoiqu'ils parlent d'un état de demi-conscience qu'ils appellent sommeil latent, lequel me semble correspondre à peu près à l'état d'hypnose. Après une période, qui est généralement plus courte que la moyenne de la vie ici-bas, ils entrent dans une autre phase d'existence. Les Esprits, de pensées, de goûts et de sentiments similaires, gravitent ensemble ; les époux ne sont pas forcément réunis, mais l'amour se perpétue et est débarrassé des éléments qui, si souvent sur cette terre, nuisent à son parfait épanouissement ; immédiatement après la mort, on passe par un état de repos demi-conscient, comprenant différentes périodes ; ils ne sentent point de douleurs corporelles, mais sont susceptibles d'éprouver quelquefois des anxiétés morales ; une mort douloureuse est absolument inconnue ; il n'y a point de différence par suite des croyances religieuses ; enfin, l'ensemble de leur existence est excessivement heureuse et ils n'ont jamais souhaité retourner sur cette terre. Je n'ai aucun renseignement précis sur leur « travail », au sens propre du mot ; ils se disent intéressés par des occupations variées ; ce qui, en d'autres termes, signifie la même chose. « Travail », pour nous, veut dire généralement « travailler pour gagner sa vie », et cela, j'en suis absolument informé, n'existe pas chez eux. Ils sont mystérieusement pourvus de tout ce qui leur est nécessaire. Je n'ai pas non plus d'informations sur « un état de pénitence temporaire » ; d'après ce que j'ai recueilli, les Esprits, en quittant ce monde, partent du degré de développement moral et intellectuel qu'ils possédaient ; et comme leur bonheur est surtout basé sur la sympathie, ceux qui trépassent dans un état moral peu élevé ne peuvent, les premiers temps, pour une période plus ou moins longue, jouir du bonheur d'être aimés et d'aimer. »

Je voudrais encore parler d'un autre petit livre, *Do Thoughts Perish ?* qui vient précisément de me tomber sous les yeux. Bien que son auteur garde l'anonymat, il a évidemment été écrit par une femme de beaucoup d'expérience et tout à fait supérieure. Les dates des communications prouvent qu'il est de la même époque que *Raymond* et sans aucun rapport avec lui. Cependant, les descriptions des sensations et des expériences des jeunes soldats qui venaient de mourir sont identiques à celles de *Raymond*. Que pense le critique hostile de la parfaite concordance des récits de deux témoins entièrement étrangers l'un à l'autre ?

II

ÉCRITURE AUTOMATIQUE

Cette forme de médiumnité, ainsi que je l'ai déjà dit, donne les meilleurs résultats et cependant, par sa nature, elle est susceptible de nous causer d'amères déceptions. Écrivons-nous de notre propre chef? ou notre main obéit-elle à un pouvoir indépendant de notre volonté? C'est seulement par les communications reçues que nous pouvons le savoir, et même alors nous devons faire une large part à l'action des connaissances de notre subconscient. Il est bon, je pense, de reproduire un cas d'écriture médianimique, qui prouve et démontre aux chercheurs que ces messages ne viennent point de la personne qui écrit. Ce cas est cité dans le livre récent de M. Arthur Hill, *Man is a Spirit*; il émane d'un correspondant qui déclare se nommer le capitaine James Burton. C'est grâce aux communications de ce médium amateur qu'on a dernièrement découvert, si je comprends bien, l'endroit où sont situées les ruines souterraines de Glastonbury.

«Une semaine après les funérailles de mon père, raconte-t-il, j'étais occupé à écrire une lettre d'affaires, lorsque quelque chose sembla s'interposer entre ma main et les centres moteurs de mon cerveau; ma main traça alors une lettre étonnante, la signant des nom et prénoms de mon père, afin d'attester qu'elle venait de lui. J'étais bouleversé; en outre, mon côté droit et mon bras s'étaient refroidis et engourdis. Un an après, ces lettres devinrent fréquentes, me parvenant toujours au moment où je les attendais le moins. Je ne connaissais ce qu'elles contenaient qu'en les examinant à la loupe, car l'écriture était microscopique et elles entraient dans une quantité de détails que j'ignorais totalement.

«Je ne savais pas que ma mère, qui habitait à une distance de soixante milles environ, avait perdu le chien que mon père lui avait donné. La même nuit, j'eus une lettre de lui, prenant part à la peine de ma mère et disant que le chien était maintenant près de lui: "Tout ce que nous aimons, et est nécessaire à notre bonheur dans ce monde, nous suit dans celui-ci", me fut-il dicté. Un secret des plus sacrés, connu seulement de mon père et de ma mère, concernant une chose arrivée plusieurs années avant ma naissance, me fut ainsi révélé avec cette recommandation : "Dites ceci à votre mère et elle comprendra que c'est moi, votre père, qui écrit." Ma mère avait été incrédule jusque-là ; mais quand je lui révélai cela, elle s'évanouit. Les lettres devinrent désormais sa plus grande consolation, car mon père et elle avaient été très unis pendant les quarante années de leur mariage, et la mort de mon père avait été un profond chagrin pour ma mère.

« Quant à moi, continue le capitaine Burton, je suis parfaitement convaincu que mon père existe sous sa forme première, comme s'il était encore présent au milieu de nous. Il n'est pas mort, il n'est qu'absent.

« J'ai comparé le style et les expressions usitées dans les lettres en question avec ma propre façon d'écrire. J'ai acquis une certaine notoriété en collaborant à des magazines ; il n'y a aucune ressemblance entre ces lettres et les miennes. »

Il y a dans ce cas une évidence plus que complète et je renvoie le lecteur au livre lui-même.

III

L'ABRI CHERITON

J'ai, quelques pages plus haut, fait allusion à un cas récent de «poltergeist», c'est-à-dire un cas où un esprit malfaisant se signale à notre attention. Ces entités paraissent appartenir à une catégorie peu perfectionnée, et être plus près des conditions terrestres qu'aucune des autres que nous connaissions. Ce matérialisme comparatif les place au dernier degré dans la gradation des esprits, et ne nous fait point souhaiter d'être en rapport avec elles; toutefois, il leur donne une certaine valeur lorsqu'elles se manifestent par ces grossiers phénomènes qui attestent, et nous obligent à constater, qu'il y a plus d'une forme de vies dans l'univers. Ces forces qui confinent à la terre ont, à plusieurs époques et en divers endroits, excité la curiosité générale; c'est à ce genre de prodiges que se rattachent les persécutions des Wesley à Epworth, le tambour de Tedworth, les cloches de Bealing, etc., qui étonnèrent tout le monde alentour un certain temps; chacun de ces cas était une agression de ces forces inconnues contre la vie humaine. Puis, presque simultanément, vinrent les événements de Hydesville en Amérique, ceux de Cideville en France, qui furent si frappants qu'ils ne purent passer inaperçus; ils furent le point initial de ce mouvement moderne qui, se basant sur le raisonnement, partit des plus petites choses pour arriver aux grandes, développa ses conclusions et les mit au point, allant des phénomènes aux messages, pour donner à cette religion les fondements les plus solides que l'on connaisse. Ainsi, malgré leur apparence vulgaire et stupide, ces étranges manifestations ont été fertiles en conséquences et méritent pour cela notre respectueuse, quoique circonspecte attention.

Beaucoup de ces manifestations se sont produites dans ces dernières années, sur plusieurs points du globe; la presse n'a pas manqué de les relater sur un ton plus ou moins moqueur, convaincue évidemment que l'emploi du mot «revenant» discréditait l'incident et mettait fin à la discussion. On doit remarquer que chacun de ces phénomènes est représenté comme un fait isolé, et que de la sorte les lecteurs ne peuvent point se faire une idée de la force de ces preuves accumulées. Dans le cas particulier de l'abri Cheriton, les faits sont les suivants :

M. Jaques, juge de paix, résidant à Embrook House, Cheriton, près de Folkestone, fit creuser en face de son habitation un abri contre les raids aériens. Il faut dire que sa maison était très ancienne ; une partie provenait d'une fondation religieuse du quatorzième siècle. L'abri fut contruit à la base d'une petite falaise et le fond était de grès friable ; travail qui avait été confié à un entrepreneur de la contrée, appelé Rolfe, se faisant aider par un manœuvre. Peu après s'être mis à la tâche, il fut gêné par des jets de sable, qui éteignaient continuellement sa lumière, et par d'autres qui l'atteignaient même en pleine figure. Il pensa d'abord qu'il fallait attribuer ces phénomènes à des dégagements de gaz ou d'électricité, mais ils devinrent si fréquents que sa besogne en était sérieusement troublée ; il s'en plaignit à M. Jaques, qui écouta cette histoire avec une parfaite incrédulité. La persécution continuait cependant et augmentait d'intensité ; c'étaient maintenant des souffles de vent, assez forts pour soulever des pierres et des morceaux de briques, qui passaient devant M. Rolfe et frappaient violemment le mur. M. Rolfe, cherchant toujours une explication physique à ces faits, rendit visite à M. Hesketh, l'ingénieur électricien de la ville. Celui-ci, homme instruit et d'une intelligence au-dessus de la moyenne, se rendit sur les lieux et en vit assez pour se convaincre que le phénomène était réel et tout à fait inexplicable par les lois ordinaires. Un soldat canadien, qui était logé chez M. Rolfe, entendit raconter ce qui arrivait à son hôte ; et après avoir émis l'opinion que ce dernier avait « une araignée dans le plafond » (*sic*), il visita l'abri où les phénomènes en question se produisirent avec une telle force qu'il s'enfuit, glacé d'horreur. La femme de charge de la maison constata aussi que des briques se déplaçaient sans qu'on y touchât. M. Jaques, dont l'incrédulité avait fondu graduellement devant l'évidence, alla seul à l'abri, quand il n'y avait personne ; il en sortait, lorsque cinq pierres lancées de l'intérieur frappèrent la porte ; il la rouvrit et vit les cinq pierres sur le plancher. Sir William Barrett vint à son tour, mais ne fut témoin d'aucun phénomène le peu de temps qu'il resta sur place. Je fis ensuite quatre visites, d'environ deux heures chacune, sans rien remarquer de particulier, sinon que le nouvel ouvrage en briques était ébréché par les coups qu'il avait reçus. Ces forces mystérieuses négligèrent ceux qui s'occupent de phénomènes psychiques, car elles ne se mirent en frais pour aucun investigateur ; et cependant on ne peut douter de leur existence et de leurs manifestations, puisque, au moins, comme je l'ai dit, sept témoins eurent l'occasion de les constater ; ces forces laissèrent en effet des traces de leur action, comme d'arracher les pierres qui avaient été nouvellement cimentées pour former le plancher, et en firent des petites piles bien symétriques. La supposition que l'aide-maçon pouvait être l'auteur de tout cela dut être écartée, les faits s'étant produits pendant son absence. Sur ces entrefaites, un physicien visita la grotte et suggéra que tous ces phénomènes pouvaient provenir de l'émanation de gaz de marais, ce qui n'éclaircissait pas la question. Les troubles continuent toujours ; et le 4 février 1918, je reçus une lettre de l'ingénieur, M. Hesketh, me donnant les détails les plus récents et les plus complets.

Quelle peut être la réelle explication de ces événements ? Il serait difficile de répondre. Tout ce que je puis dire, c'est que j'ai conseillé à M. Jaques de pratiquer des fouilles dans le morne au-dessous duquel il faisait construire son abri. J'ai moi-même effectué quelques recherches aux alentours, et je me suis rendu compte que le terrain en cet endroit a été autrefois bouleversé à une profondeur d'au moins cinq pieds. Quelque chose, autant que je puis en juger, a été enterré là à une date reculée, et il est probable que, ainsi que dans le cas cité au cours de cet ouvrage, il y a une connexion entre cette particularité et les troubles actuels. Peut-être M. Rolfe est-il, sans qu'il s'en doute, un médium physique ; et que, lorsqu'il était enfermé dans le caveau, ses pouvoirs magnétiques s'y trouvaient accumulés comme dans un cabinet et prêts à entrer en action. Il devait y avoir par hasard, en cet endroit, quelque intermédiaire à qui il plut d'employer ce magnétisme et, de là, la production des phénomènes. Quand M. Jaques vint seul dans la grotte, le pouvoir laissé par M. Rolfe, qui y avait séjourné toute la matinée, n'était pas encore épuisé, ce qui lui valut d'être témoin de quelques manifestations. Voilà mon opinion ; mais il est bon de ne pas être trop dogmatique en pareilles matières. S'il est fait des fouilles systématiques, j'attends un épilogue à cette histoire.

Pendant que ce livre était sous presse, un second cas très remarquable de «polter-geist» m'a été signalé. Je ne puis en révéler les détails, sans trahir le secret qui m'a été confié ; les phénomènes se produisent actuellement. Il est assez curieux de constater que c'est parce qu'un des intéressés avait lu quelques-unes de mes remarques à propos de l'abri Cheriton, que ces derniers faits sont parvenus à ma connaissance, car on m'écrivit immédiatement pour me demander aide et conseil. Je n'ai pas encore pu me rendre sur place, l'endroit étant éloigné ; mais, d'après le compte rendu très complet qui m'a été envoyé, les incidents présentent toutes les caractéristiques qui nous sont si familières, accompagnés au surplus de phénomènes d'écriture directe (dont j'ai sous les yeux quelques spécimens). Deux pasteurs de l'Église anglicane ont essayé sans résultat de faire cesser ces manifestations, qui revêtent parfois une grande violence. Les personnes que poursuivent semblables persécutions apprendront, je pense, avec consolation, que, dans les nombreux cas de *polter-geist* que l'on a observés, on n'a jamais signalé qu'aucun mal physique ait été infligé à un homme ou à un animal.

Revenant au dernier cas dont je parlais, je dois dire que depuis que ce qui précède a été écrit, un troisième pasteur, possédant quelques notions de sciences occultes, est intervenu ; il a obtenu par des raisonnements et des prières que les mauvais esprits s'abstiennent de tourmenter désormais leurs victimes. Reste à savoir combien de temps les esprits tiendront leur promesse !

Table des matières